U0100510

大展好書　好書大展
品嘗好書　冠群可期

大展好書　好書大展
品嘗好書　冠群可期

陳式太極拳

3

陳式太極拳
老架一路入門圖解
附DVD

■ 張富香　編著

大展出版社有限公司

內容簡介

　　本書系統地用圖解的方式，對陳式太極拳老架一路中的基本動作、纏絲勁法和套路招式等進行了詳盡的描述。其最大特點，就是用文字引路，圖示說話，視頻傳授，做到了圖文視共進，使讀者易學、易仿、易懂、易會，是太極拳愛好者不可多得的良師益友，也是太極拳培訓的最佳教材。

作者簡介

張富香，女，漢族，1967年出生於太極拳的發祥地——河南省溫縣，是陳式太極拳第十二代傳人、國家一級裁判員、一級教練員、一級社會體育指導員；國際太極拳傳播大使；中國太極拳優秀人才；中國武術協會會員；中國武術五段。任溫縣太極武術館副校長兼教練員；陳家溝太極拳推廣中心教練員；陳家溝太極拳功夫學校教練員。

她做事執著，酷愛太極。利用太極拳發祥地的優勢條件，在各位太極大師們的精心指點和其勤學苦練的動力支配下，刻苦鑽研太極拳理論、習練太極拳各路技藝；熟練掌握了太極拳的各種拳、械套路，屢次在太極拳的重大比賽中頻頻獲獎；多次擔任河南省武術比賽和溫縣太極拳、劍、推手錦標賽的裁判工作，是太極之鄉崛起的新一代巾幗新秀，被譽爲「太極女傑」。

多年來，在太極拳非物質文化遺產的影響下，她奔波於全國各地，義務爲大家傳拳授藝，被各級體育主管部門評爲先進個人和先進工作者，多次被邀請到機關、單位和企業擔任太極拳教練員，桃李滿天下。

目 錄

前 言

　　中華武術，品種繁多，源遠流長，色彩紛呈，技藝獨特，獨樹一幟。太極拳乃武術百花園中的一支奇葩，是中國傳統文化的重要組成部分，其鮮明的民族特色、濃厚的文化底蘊、辨證的養生之道和超然的運動心態，都決定了它不僅有利於人們的身體健康，更有利於人們的心理健康。太極拳的哲理化和人倫化，把道家「道法自然」的辯證思想與儒家「中庸之道」的處世哲學有機地融為一體，使之超越了通常意義的攻防技擊之術和強身健體之法。

　　在當前，太極拳已納入了中國傳統文化遺產。它濃厚的文化底蘊和獨有的行拳方式，為練拳者提供了一種特殊的文化氛圍，給習練者提供了潛移默化的文化薰陶，使其在練拳中陶冶了情操，掌握了拳技，強健了體質，愉悅了身心，得到了延年益壽之目的。

　　陳式太極拳是中華民族的優秀文化遺產，是陳式太極先輩們社會實踐的成果，是吸收各派武術精華，發展提煉而成的武術瑰寶。

　　自明末清初著名拳祖陳王廷首創之後，陳式太極

不斷地創新和發展，她以輕靈自然、鬆圓雄渾、端嚴沉著、縝密纏綿、精神含蓄、雍容雋永、剛柔相濟的螺旋運動形式和富有實戰性的武術技巧而著稱，所以，幾百年來世代沿襲，歷久不衰，深受拳界青睞，而享譽世界。

陳式太極拳老架一路動作較簡單，柔多剛少，以掤、捋、擠、按四正勁的運用爲主，以採、挒、肘、靠四隅手的運用爲輔。結合進、退、顧、盼、定的步法，在外形上有緩、柔、穩的特點。用力方法以纏絲勁爲主，發勁爲輔。動作力求柔順，以化勁爲基礎，以柔克剛。

由於陳式太極拳可分高、中、低三種拳架，運動量可以調節，所以既適合於身體較好的人增強體質，也適合於體弱和某些慢性病患者療病保健。

一種文化要想獲得發展，必須將文化的傳承和積累相結合。透過文字、圖片和視頻等現代傳播媒介，才能使陳式太極這一非物質文化遺產在內容上得到傳承！

作者根據多年來自己的教學實踐和經驗的積累，特編著了這部《陳式太極拳老架一路入門圖解》一書，旨在推動太極拳的普及暨太極拳文化的發展。

本書共分四章，最大特點就是沒有深奧的理論，而是以通俗易懂的語言，喜聞樂見的圖文，活靈精湛的視頻，力求使讀者真切地感到陳式太極的真正內涵

和陳式太極技藝的魅力。書的內容新穎，層次突出。採用文字引路，圖片說話，視頻助教的傳授方法，達到一讀即明，一視即仿，一練即會的學習效果，讓讀者有如親臨講學現場受益之感。

在編著此書的過程中，特邀崔路明教練爲本書的配圖做了示範表演。全國的武術愛好者，對本書的內容編排提出了諸多寶貴意見和建議；各地太極拳組織和各位老師對本書的配圖和視頻製作提供了極大的支持和幫助。在此，對他們的支持、幫助表示衷心的感謝。

由於作者知識及寫作能力有限，著作之中難免有不妥之處，敬請廣大太極老師不吝賜教和諒解；在科學發展觀的指導下，共同爲太極拳事業的發展，爲中華民族的全面振興和人民群衆的健身、安康貢獻我們的力量。

第一章
陳式太極拳的特點

一、陳式太極拳的特點

流傳已久的精典陳式太極拳，歷史悠遠，內涵豐富，古樸高雅，氣勢恢弘！她精奧細密、理論深厚、動作極致！

她以四肢、軀體的韻律、姿態與神韻為語言講述著中國古人對生命、對運動的理解，闡述著人體結構的自然規律和天人合一的哲理。不僅有利於人們的軀體健康，更有利於人們的心理健康。

陳式太極拳老架一路又稱「大架」，該拳步法輕靈穩健，身法中正自然，動如行雲流水，內勁統領全身。剛柔相濟，舒展大方。連綿不斷，一動皆動，一靜俱靜，發勁時鬆活彈抖，完整一氣；在勁力上以掤、捋、擠、按為主，以採、挒、肘、靠為輔。

練習時要求做到虛領頂勁，鬆肩沉肘，含胸塌腰，屈膝鬆胯，呼吸自然，氣沉丹田，以腰為軸，節節貫串，虛實分明，上下相隨，剛柔相濟，快慢相間，外形走弧線，

內勁走螺旋，行拳時非圓即弧，實是太極圖陰陽轉換的化身。

二、如何學好太極拳

　　學好陳式太極拳，一是要「未曾學藝先學禮，未曾習武先習德」，拋名棄利，載德習武，愛師尊友，與人為善。二是拜一位德才兼備、技術精湛、理論精通、教學有方的太極明師。三是「欲學驚人藝，須下苦工夫」。

　　習練太極，崇尚的是「練」，講究的是「悟」。練練重練練，深入復深入，總有一日就能達到通曉拳理，通天徹地的爐火純青的太極頂峰。

第二章
手法步法與腿法圖解

　　手法和步法是打好太極拳的關鍵。而正確的手法和步法不但能達到舒展肢體、活絡筋骨之功效，而且還能達到技藝高超的效果。所以在這章中，主要介紹陳式太極拳招式中的各種手法、步法及腿法，讓大家掌握好這些最基本的技法，為學好套路打下牢固的基礎。

第一節　手型與手法圖解

　　太極拳要求勁力「運之於掌，通之於指」「形於手指」。手是傳感器，聽勁、化勁、發勁都要透過手。太極拳八法中有掤、捋、擠、按、採、挒、肘、靠，前六法均直接是用手來完成的。由此可見，手在練太極拳時的重要性。要想練出正確的手法，就必須對手型及運轉方向有所理解。

　　【注意】在整個套路中，凡是所講的內旋，均是以小拇指領勁的旋轉；而大拇指領勁旋轉的叫外旋。

一、手　型

　　手掌是每個人最基本的功能性器官。在陳式太極拳

中，手型主要有掌、拳、勾、刁等。

1. 掌

陳式太極拳的掌，俗稱「瓦楞掌」，成掌時要求五指伸展，大拇指與小拇指有相合之意，其餘三指微向後仰，掌心要虛、要空，掌分為掌尖、掌根、掌背、掌心（圖2-1）。

圖2-1　掌

在掌中也有推掌、按掌、穿掌、撩掌、斬掌、托掌等之別。

2. 拳

陳式太極拳的拳與大多數拳種基本一樣，握拳時要求四指併行蜷向手心，拇指向掌心方向蜷曲，拇指內側緊貼於食指和中指中節部位。

握拳時不要過分用力，不可太鬆也不可太緊。拳有拳面、拳背、拳眼、拳心、拳輪之分（圖2-2）。但是，當出拳時，拳與前臂成直線，不可向外或向內扭曲，如向外或向內扭曲，會使腕部緊張，妨礙氣血暢通。

在拳的種類中，常有單拳、雙拳、側拳、指襠拳、擊地拳、上衝拳等之分。

3. 勾　手

勾手的成型是，拇指彎曲，食指和中指蜷曲壓在拇指上節內側，無名指和小拇指自然蜷曲跟隨其後，輕輕捏攏，指尖向下屈腕，手腕背部向上隆起。但要注意放鬆，

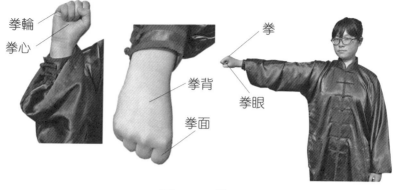

拳輪
拳心
拳背
拳面
拳
拳眼

圖2-2　拳

不要過分用力，否則會成僵
腕，影響血液循環。勾分勾
尖、勾頂。（圖2-3）

4. 刁　手

刁手時要求食指、中

圖2-3　勾手

指、無名指和小拇指四指以小拇指領勁，依次向手心蜷
曲，大拇指自然伸直輕壓於食指上。做刁手時不要過分用
力，讓手指和手腕自然蜷曲和隆起。（圖2-4）

托手
刁手

圖2-4　刁手

二、手 法

太極拳技法的主體是手法。手法，就是手與臂的運使方法，其運行形式，是以準頭為界，左、右手各管其半身，並攜各足運行。運行時，是以手領肘，以肘領臂，手中之氣僅僅領起手與臂而已。

按手的不同變換和形狀分掌法、拳法、肘法和臂法。而這些技法既是保護自己，也是攻擊對方的主要手段。

1. 衝 拳

拳由胸前旋轉打出，力達拳面。（圖2-5）

2. 砸 拳

拳自上向下砸，力達拳背或拳輪。（圖2-6）

3. 雙分外抖

雙拳向左右或上下對分打出，力達拳背。（圖2-7）

4. 推 掌

單掌或雙掌自胸前推出，力達掌根。（圖2-8）

5. 平分掌

雙手掌走上弧或走下弧向左右兩側分開，兩掌心相對

圖2-5 衝拳

圖2-6 砸拳

圖2-7 雙分外抖

圖2-8 推掌

圖2-9 平分掌

或朝外。（圖2-9）

6. 斜分掌

兩手斜向上下或前後分開。（圖2-10）

陳式太極拳老架一路入門圖解

圖2-10　斜分掌

圖2-11　立雲掌

7. 立雲掌

兩手在體前，上下交替成立圓運轉，向左右上下往復畫弧，運轉時要與轉腰協調一致，上手高不過眉，下手低不過襠，兩手邊雲邊翻轉。（圖2-11）

8. 捧　掌

雙手由外向裏、由下向上內旋收回。（圖2-12）

9. 穿　掌

平掌向體前穿出，手腕領勁，力達指尖。（圖2-13）

10. 架　掌

屈臂上舉，手臂外旋，掌心向上、向前上架於頭部上方，臂成弧形，掌心朝外。（圖2-14）

圖2-12　捧掌

圖2-13　穿掌

圖2-14　架掌

11. 撩　掌

立掌在體側向上畫弧，指尖向上。（圖2-15）

12. 切（斬）掌

立掌向下畫弧，指尖向下。（圖2-16）

圖2-15　撩掌

圖2-16　切掌

a

b

圖2-17　托掌

圖2-18　按掌

13. 托　掌

（1）胸部以下小拇指領勁內旋，力達掌根，掌心向上。（圖2-17a）

（2）胸部以上大拇指領勁外旋，力達掌根，掌心向上。（圖2-17b）

圖2-19　坐腕

14. 按　掌

大拇指領勁外旋，力達掌根，掌心向下。（圖2-18）

15. 坐　腕

坐腕，就是把掌根下沉，手指節微微上翹，但不能用力翹起，必須保持自然，這樣才能把勁貫至掌根，然後才能「形於手指」，如圖2-19所示。

第二節　太極八法詳解

　　八法者：掤、捋、擠、按、採、挒、肘、靠也。歷代太極拳家多用「歌訣」來說明，「掤在兩臂，捋在掌中，擠在手背，按在腰攻，採在十指，挒在兩肱，肘在屈使，靠在肩胸」。為了幫助大家學好太極拳，現將「八字訣」中八法的技術內涵分述如下。

1. 掤

　　掤是八勁之首也是八勁之本源，是太極拳最基本的勁，一般把向上、向前、向外的勁均稱為掤勁。它如圍牆，意禦敵於門外。用於攻防和走化。是太極拳中的主勁，有人稱太極拳為掤拳，也就是說太極拳處處要有掤意。

　　掤的手法通常是手心同向內或同向外。要體會使用脊柱慢慢捧起，意念從腳底沿圓球弧形向上。同時注意前掤後撐的對稱勁。掤的形狀如圖2-20所示。

2. 捋

　　捋，即單手或雙手，掌心向外或雙掌心微相對，黏住對方腕與肘，腳與膝，是引進落空並順勢發勁之法，一般把橫向引化稱為捋，為化解之法。捋時須以腰脊為軸，透過兩腿的虛實變化來完成。在形式上有定步捋和退步捋及轉身捋等。在拳術中有

圖2-20　掤

「捋在掌中」之說。

捋的勁法特點是「輕隨」，即「捋要輕隨」。「隨」是順的意思，「輕」是黏活，不用大力、拙力的意思，「輕隨」就是順著對方來勢向後引動，因勢利導，使對方的力得不到實點而落空。捋的勁法還要求做到「動短意長」。這就是說，回捋動作不要大、長，而要小、短，但心意要

圖2-21　捋

長。這是因為，你捋住對方時，對方很有可能回撤，你這時就要「捋中寓擠，隨捋即擠」。拳訣有云：「搭手捋開擠掌使。」說的就是這個意思。擠的方向與捋相反，所以捋要「動短」。捋如圖2-21所示。

3. 擠

「擠」字有擁推、排擠、合力向前，也有背靠的意思，其勁法要橫，即「擠要橫封」。擠是用肩臂或手臂相搭擠向對方，使其失去平衡的技法。通常用手在擠的勁點內側進行助力。在形式上，手臂圓環，身形如弓，掌心或掌背相對，勁力則向外，進中寓後坐之意。

擠為進攻之勁，在捋開對方來勁之後，可隨時用擠勁進而攻之，把對方擊出。正如拳論所說「捋擠二法趁機使」「擠在手背」，是用合勁或長勁使之。擠如圖2-22所示。

4. 按

按，即用手掌接觸對方翻掌坐腕斜向下或向下推按；其

圖2-22　擠

圖2-23　按

圖2-24　採

用法主要是防守化解，可將對方來勢阻截，並引而向下，卸於無形。在形式上身體重心穩固，身手步一起發擊。按的勁法特點是「按在腰攻」，意思是說，按的時候要用整體勁，不要只用局部的動作，要用腰勁、掌勁同時來完成，這樣才能達到「按手用著似傾倒」的效果。按如圖2-23所示。

5. 採

採字的含義是摘，有摘取的意思。其採勁是變守為攻之法。運用採法時先掤後採，十個手指都要起作用，它的形狀像爪子一樣，十個手指肚要向裏扣，手心要空，使用脆短勁，力求入肉，有抓而不放之意，即「採在十指」。

在運用採法時，要配合沾黏勁，綜合運用刁、拿、切、纏等技法，並且勁力應直中求曲，採如圖2-24所示。

6. 挒

「挒」字的含義是順勢扭轉對方腕、肘、肩等活關節的技法，或以手背橫擊之法鎖住對方，向外或向內橫向牽

圖2-25　捌

圖2-26　肘

動，勁力方向是斜向的。「捌」的勁法特點是「閃」與「驚」，就是要迅、猛、快、脆，借閃身之法使對方瞬間失去重心，捌如圖2-25所示。

7. 肘

肘，是前臂內屈時，集中使用肘部四周力量的近身擊法。拳諺說：「遠拳、近肘、貼身靠。」以肘擊人，「肘在屈使」，屈肘可以向前、後、左、右出擊。此法發勁時要扭腰旋背，鬆活彈抖，步健手快，擊人十分銳利，因此要慎用此招。肘如圖2-26所示。

8. 靠

靠，是以身體的軀幹，肩、胯的四周發的勁，拳諺云「靠在肩胸」。當近距離搏擊時，先搭住對方向懷中速帶，運用身體肩、背、胸等對其要害部位進行發力，屬近身攻敵防身之法。在做「靠」時，多與擠、肘相配合。用

靠勁要突出一個「崩」字，所以發勁要脆，用排山倒海之勁靠出去。靠如圖2-27所示。

上述「八法」之間互寓、互通、互化、互用，構成了太極拳的基本技術內容，因而最為重要，必須懂其理，知其意，練其形，才能達到精妙絕倫、運用自如的境界。

圖2-27　靠

第三節　步型步法圖解

在陳式太極拳中，步型和步法是做好太極拳的關鍵，所以要切實做到步型準確、虛實到位。

一、步　型

陳式太極拳的步型主要有六種：弓步、仆步、虛步、獨立步、坐盤步和插步。

1.弓　步

弓步也稱「弓蹬步」，是陳式太極拳的主要步型之一，分左弓步和右弓步；以左弓步為例，做左弓步時，要求左腿向前弓起，左腳尖朝左前方，右腿自然蹬地伸直，要求膝要屈，胯要鬆，右腳尖裏扣，面向前方，反之亦然。做弓步時一定要注意弓步的正確做法，「弓步是蹬出來的，不是弓出來的」。（圖2-28）

右弓步

左弓步

圖2-28　弓步

2. 仆　步

仆步是陳式太極拳中的一種主要步型。做仆步時，兩腿左右分開，一腿屈膝全蹲負擔體重或腿內側與臀部仆地；另一腿伸直平仆，接近地面，膝關節要挺直不彎，左腿伸直為左仆步，右腿伸直為右仆步，是基本步法中較低的一種步法。（圖2-29）

圖2-29　仆步

3. 虛　步

一腿屈膝支撐體重，另一腿膝微屈，前腳掌或腳趾虛虛踏地，腳後跟稍抬起，膝微裏合；或者腳跟輕輕觸地而

腳尖上翹，兩種形式均稱虛步。

虛步分左虛步和右虛步，左
腳虛為左虛步，右腳虛為右虛
步。（圖2-30）

4.獨立步

獨立步與仆步相對應，是一
個高步法。做獨立步時一腿站
立，支撐全身體重；另一腿向上
提起，膝部略高於胯，腳自然下
垂，膝與另一腿胯膝相合。

圖2-30　虛步

獨立也分左右兩式，右腿支撐為右獨立步，左腿支撐
為左獨立步。（圖2-31）

右獨立步

左獨立步

圖2-31　獨立步

5. 坐盤步

坐盤步，就是一腿在前，另一腿在後與前腿交叉，兩

圖2-32　坐盤步

圖2-33　插步

腿同時屈膝旋轉下坐；右腿在前為左盤步，左腿在前為右盤步。（圖2-32）

6.插　步

插步也叫「倒插步」，又名「偷步」，含有「偷步暗轉」之意。插步分左插步和右插步。（圖2-33）

二、步　法

1.上　步

一腿支撐全身，另一條向前上步。（圖2-34）

2.跳　步

跳步時，身體先右後左轉，提右腿向前跨步前躍，同時左腳蹬地，身體騰空上躍前踢或前跳。反之亦然。（圖

圖2-34　上步

圖2-35　跳步

2-35）

3. 左右開步

左開步時，重心放於右腿，提左腿向左鏟出。（圖2-36）。反之亦然。（圖2-37）

陳式太極拳老架一路入門圖解

032

圖2-36　左開步　　　　圖2-37　右開步

4. 退　步

　　退步也稱撤步。退步時，重心先放於右腿，提左腳向後30°～45°撤步，落步時腳尖先著地，重心在前，重心左移，收右步向右後方再撤步，步法為「X」步。（圖2-38）

第四節　腿法圖解

　　武諺云：「手是兩扇門，全憑腳打人」，說明腳法在技擊中至關重要。腿法為腿部攻擊之法，包括膝、腳尖、腳跟、腳面、腳側、腳掌等部位。

　　下面，特將陳式太極拳中的腿法應用圖解如下。

1. 單震腳

　　單震腳有左單震腳、右單震腳。以右單震腳為例，重心放於左腿，右腳提起與胯平，然後右腳震腳落地，雙腳

圖2-38　退步

圖2-39　單震腳

圖2-40　蹬腳

與肩同寬，重心不變。反之亦然。（圖2-39）

2. 蹬　腳

　　重心放於左腿，右腿屈膝提起，以腳跟為力點，向右側或右前、後側快速蹬出，然後快速收回。左蹬腳同右蹬腳，但方向相反。（圖2-40）

3. 外擺腳

身體微左後右轉，重心放於左腿，右腿屈膝提起，並由左向上、向右做扇形外擺，雙掌由右向左走上弧線依次迎擊右腳外側，目視前方。反之亦然。（圖2-41）

圖2-41　外擺腳

4. 二起腳

重心放於左腿，收右腿向前墊一小步，左腿跟步上領，身體騰空而起，右腳躍步上踢，腳面繃直。同時雙手隨身體上躍，右掌迎擊右腳面。反之亦然。（圖2-42）

5. 擦　腳

重心放於左腿，收右腿上踢，腳面繃直，同時雙手走

圖2-42　二起腳

圖2-43 擦腳

上弧線向左右兩側由上向下擊打，左手在身體左側，與肩同高，右掌迎擊右腳面。（圖2-43）

第五節 眼法詳解

古人說：「形不正則氣不順，氣不順則意不寧，意不寧則神分散。」也就是說練拳時除了頭身正直，含胸垂肩，體態自然，使身體各部位放鬆、舒適外，則更要注重練拳時的「神」。

所謂「神」，即神態、神韻、神色之神。練拳時要求做到「唯神是守」，而後才能「形」成於外。這樣神韻才能顯現出來，動作方得姿勢舒展、靈活敏捷、輕盈瀟灑、節奏鮮明、神氣十足、神乎其神。

說了這麼多神，其實這就是「眼神」。拳諺說：「心者神之舍，目者神之牖，眼為心之苗。」說明心有所思，

意有所念，眼神隨即流露。所以，眼睛就成了「心」的代表。行拳走架，就是要達到「以眼領手，眼隨手轉，手眼相隨」的效果。

眼法說的最多，就是「顧三前，盼七星」。顧三前，就是要看清對方的上中下三路；盼七星就是要注意對方頭、肩、手、肘、胯、膝、足七個部位。這樣才能從對方的各部位的變化中採用相應對策進行出擊。這就是拳家所說的「意之所動、氣之所指、神之所往、形之所趨、力之所致」，你才能戰無不勝。

練習太極拳，眼法的運用至關重要。每勢之始，當手動腳不動時，必以前手或主要手中指為所視之點；每勢之終，眼「必凝神注視」前手或主要手中指延展以遠。待內勁徐徐運到十分充足，下勢之機躍躍欲動之時，目光才能隨著心意的變化而變換。當腳動手不動時，眼睛要看著腳蹬的方向。眼神的延展應和手足運轉的方向相同步，不可有絲毫的分離。太極拳演練自始至終，每招拳勢之中的定勢眼法皆是如此。這樣才能淋漓盡致地體現出陳式太極拳舒緩柔和、快慢相間、起伏動盪、剛柔相濟、神形合一獨特的演練風格。

在陳式太極拳中，眼法在套路演練中與手法、身法、步法、勁法的有機配合非常重要。要求眼法緊密配合手法、腿法的進退轉換，身法的高縱低臥，回旋倚側，纏絲勁的順逆纏綿融為一個整體，才能達到高度的內外統一。

第三章
纏絲勁

在陳式太極拳中，纏絲勁是其獨特的一種勁，它也稱做「螺旋纏絲勁」，而這種纏絲勁也是體現高技擊水準的重要因素。纏絲勁表現在上肢，則是旋腕轉膀；表現在下肢，則是旋踝轉腿；表現在身軀，則是旋腰轉脊。

纏絲勁的作用可以將外來的壓力因旋轉而落空，這種落空就叫做「化」；同時還可以牽動對方的重心而乘勢反擊，這種反擊就叫做「發」。

如何把纏絲勁練得滾瓜爛熟、應用自如呢？這就要對纏絲勁的纏絲法有深入的瞭解和掌握。

第一節 上肢纏絲

陳鑫先生在所著的《陳式太極拳圖說》中說：「太極拳，纏法也。」又說：「不明此，即不明拳。」可見纏絲法是陳式太極拳的基本準則，而纏絲法的運動形式是螺旋推進的。透過螺旋運動形式的反覆鍛鍊，由著熟而懂勁，才能練出纏絲勁來。

太極拳的勁，是內勁，既輕靈而不飄浮，沉著而不呆

圖3-1-1　掌心向前

滯。動靜緩急，運轉隨心，不偏不倚無過不及，這樣纏絲勁才能充分體現。

一、右單手纏絲

1. 雙腳成右弓步；左手叉腰，右手至右前上方，高與肩平，指尖朝上，掌心向外；目視右手中指前方。（圖3-1-1）

圖3-1-2　外旋下按

2. 身體微右轉；右手外旋下按。（圖3-1-2）

圖3-1-3　重心左移

3. 身體微左轉，右腳蹬地，重心移至左腿；同時，右手內旋至腹前。（圖3-1-3）

4. 身體微左轉；同時，右手內旋上托至胸前。（圖3-1-4）

圖3-1-4　內旋上托

5. 身體微右轉；右手外旋翻掌，右膝上領；左腳蹬地，重心移至右腿；同時右手走上弧線至右前上方，與肩同高。（圖3-1-5）

圖3-1-5　翻掌移重心

二、左單手纏絲

1. 兩腿開步成左弓步，左手至左前上方，高與肩平，掌心向前，指尖向上，右手叉腰，拇指在後；目視左手前方。（圖3-2-1）

圖3-2-1　左掌心向前

圖3-2-2　外旋下按

2. 身體微左轉；左手外旋下按。（圖3-2-2）

圖3-2-3　重心右移

3. 身體微右轉，左腳蹬地，重心移至右腿；同時，左手內旋至腹前。（圖3-2-3）

圖3-2-4　內旋上托

4. 身體微右轉；同時，左手內旋上托至胸前。（圖3-2-4）

5. 左手外旋翻掌；右膝上領，身體微左轉，右腳蹬地，重心移至左腿；同時，左手走上弧線至左前上方，與肩同高。（圖3-2-5）

圖3-2-5　翻掌移重心

三、雙手纏絲

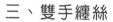

1. 雙腳成右弓步站立；右手在右前上方，與肩同高，指尖朝上，掌心向外，左手至左胯前，目視右手中指前方。（圖3-3-1）

圖3-3-1　右掌心向前

2. 身體微右轉；同時，左手內旋上托至胸前，右手外旋下按至腹前。（圖3-3-2）

圖3-3-2　上托下按

圖3-3-3　重心左移

3. 身體微左轉，右腳蹬地，重心左移，同時，左手外旋翻掌走上弧至左前上方，與肩同高，右手內旋翻掌至右髖前。（圖3-3-3）

圖3-3-4　上托下按

4. 身體繼續左轉，同時，左手外旋下按，右手內旋上托至胸前。（圖3-3-4）

圖3-3-5　重心右移

5. 身體微右轉，左腳蹬地，重心右移；同時，左手內旋翻掌至左胯前，右手外旋翻掌走上弧線至右前上方，與肩同高。（圖3-3-5）

四、順纏絲

1. 身體微右轉，重心右移，提左腿向前45°開步，雙手掤起，右手至右前上方與肩同高，左手立掌於胸前。（圖3-4-1）

圖3-4-1　開步掤手

2. 身體微右轉；雙手下按。（圖3-4-2）

圖3-4-2　雙手下按

3. 重心左移；雙手走下弧線，左手至腹前，掌心向下，指尖向右，右手與左手相隔與肩同寬，雙掌心微相對。（圖3-4-3）

圖3-4-3　移重心

圖3-4-4　外捌

圖3-4-5　翻掌畫弧

圖3-4-6　移重心

4. 身體微左轉，左手外旋，右手內旋至腹前。（圖3-4-4）

5. 身體微右轉；左手內旋，右手外旋，右膝上領。（圖3-4-5）

6. 重心右移，雙手走上弧線，回到起始位置（圖3-4-6）。重複上述動作反覆運行。

五、逆纏絲

1. 身體微左轉，重心左移，提右腿向前45°開步；雙手掤起，左手至左前上方，與肩同高，右手立掌於胸前。（圖3-5-1）

圖3-5-1　右腿開步

2. 身體微左轉，雙手下按。（圖3-5-2）

圖3-5-2　雙手下按

3. 重心右移，雙手走下弧線，右手至腹前，掌心向下，左手與右手相隔與肩等寬。（圖3-5-3）

圖3-5-3　重心右移

圖3-5-4　右捯

4. 身體微右轉；左手內旋至腹前，右手外旋至右膝外側。（圖3-5-4）

圖3-5-5　翻掌畫弧

5. 身體微左轉；右手內旋，左手外旋；左膝上領。（圖3-5-5）

圖3-5-6　移重心

6. 重心左移；雙手走上弧線，右手立掌於胸前，左手至左前上方與肩同高，返回到起始位置（圖3-5-6）。

重複上述動作反覆進行。

六、雙手反纏絲

在這個纏絲中，手型可
為掌，也可以為拳。為拳
時，只將左右立掌在胸前的
掌變為拳，拳心向裏。此處
是以掌為圖示的。

圖3-6-1　右手在胸前

1. 兩腿成左弓步，右手
立掌在胸前，掌心向左（拳
心向裏），左手至左髖外
側，掌心向下；目視右手前
方。（圖3-6-1）

2. 身體微左轉；同時，
右手外旋下按，左手內旋上
托。（圖3-6-2）

圖3-6-2　上托下按

3. 身體微右轉，左腳蹬
地，重心右移；同時，左手
內旋，走上弧線立掌於胸
前，右手外旋走下弧線至右
髖外側。（圖3-6-3）

圖3-6-3　移重心

圖3-6-4　上托下按

4. 身體微右轉；同時，左手外旋下按，右手內旋上托。（圖3-6-4）

圖3-6-5　歸位

5. 身體微左轉，右腳蹬地，重心左移，同時右手內旋走上弧線於胸前，左手外旋走下弧線至左髖外側。（圖3-6-5）

第二節　下肢纏絲

在做陳式太極拳時，要做到「腿如麻繩腰如鑽」，這很清楚地表明腿與腰纏絲的重要性了。這種纏絲也是隨著丹田潛轉，帶動腰軸的旋轉，進而傳遞到四梢，傳動過程也是螺旋纏絲的。

對腿部來說，胯、膝、踝三個關節以及腳部腳跟到腳趾的所有關節將逐一發生旋轉，形成丹田到四梢節節貫穿

的螺旋纏絲勁，這種纏絲勁就是「旋腰轉胯、旋膝轉踝」。

上肢纏絲是以手指為方向確定順逆的，而下肢纏絲則是以膝蓋為方向確定順逆的。手掌可正背面翻轉，膝蓋可連續向內或向外轉圈，即當膝蓋由內轉外時，是順纏絲；由外轉內時為逆纏絲。

腿部纏絲要求兩條腿旋轉時，以腰襠部為中心，在下面形成一個表∞狀，在進行∞狀旋轉的時候，胯部要放鬆下沉，然後蹬地移重心，這時候膝關節和襠要開一下，即放鬆、下沉、開襠、蹬地、移重心。

其圖所示：

1. 做好右弓步動作。（圖3-7-1）

圖3-7-1　右弓步

2. 身體微右轉，旋腰轉胯、旋膝轉踝。（圖3-7-2）

圖3-7-2　旋胯轉膝

圖3-7-3　移重心

3. 右腳蹬地旋轉，移重心到左腿。（圖3-7-3）

圖3-7-4　旋胯轉膝

4. 身體微左轉，旋腰轉胯、右膝上領。（圖3-7-4）

圖3-7-5　復位

5. 左腳蹬地旋轉，移重心至右腿，回到起始位置。（圖3-7-5）

重複上述動作，反覆練習。

第四章
老架一路動作圖解

　　陳式太極拳老架一路由74個招式組成，其中有個性不同的招式42個，名稱相同共性基本相近的有32個。

　　學習陳式老架一路，一方面要注意身體方位的正確，練拳時，以準頭為界，左、右手各管自己的區域，各足隨各手動之。二是要注意姿勢的規範，以手領肘，以肘領臂，手中的氣僅僅領起手與臂而已，上下相隨，立必端正。只有這樣，內部之氣才能舒展而不拘，外部關節方可鬆放而不滯，日深月久則能漸精拳法之精妙。

第一式　起　勢

　　古人說的好：「千里始腳下，高山起微塵。」太極拳的起勢，是練好太極拳的最基本動作，也就是「無極樁」。「一起則勢就」，從本質上就說明了起勢的作用，所以起勢是做好太極拳招式的關鍵，必須做好、做精。

　　【注意】平時打拳，因地就勢，不必拘定方向，在此書中，為了大家對套路方向不迷惑，就把起勢定為面南背北來做參考。

圖4-1-1　立身中正

圖4-1-2　雙腿微屈

圖4-1-3　提左膝

圖4-1-4　向左開步

具體要領是：

1. 雙腳併攏，立身中正，自然放鬆；雙臂自然下垂，下腭微合，唇齒微閉，舌抵上腭，雙目平視，面南背北。（圖4-1-1）

2. 雙腿微屈。（圖4-1-2）

3. 重心移至右腿，提左膝與胯平。（圖4-1-3）

4. 左腿向左橫開一步，與肩同寬。（圖4-1-4）

5. 左腳按左腳尖、腳跟順序落地。（圖4-1-5）

6. 雙手腕領勁，雙臂與肩同寬緩緩抬起，與肩同高。（圖4-1-6）

7. 按沉肩、墜肘、走手順序下沉。（圖4-1-7）

8. 雙手下落與胯平。（圖4-1-8）

圖4-1-5　雙腳與肩同寬

圖4-1-6　雙臂抬起

圖4-1-7　雙臂下落

圖4-1-8　落於胯平

圖4-2-1　雙腕上領

第二式　金剛搗碓

在老架拳譜中，金剛搗碓為「拳中之首」。以左手心做石臼，右手握拳下搗，如農家舂米之狀。

1. 接上式。欲左先右，雙手腕領起於腹前。（圖4-2-1）

2. 雙手在腹前由右向左順時針走一小立圓。（圖4-2-2）

3. 身體微左轉，重心右移；同時，左掌外旋，右掌內旋，掤至體前，面向左前方。（圖4-2-3）

圖4-2-2　向右畫弧

圖4-2-3　身體左轉

圖4-2-4　雙手翻掌

4. 身體微右轉；左手內旋，右手外旋，左下右上畫弧外掤。（圖4-2-4）

5. 身體右轉，重心左移，右腳尖外擺。（圖4-2-5）

6. 重心移至右腿；雙手畫弧前掤。（圖4-2-6）

7. 鬆右胯，提左膝。（圖4-2-7）

8. 左腿向左前方30°開步；雙手外撐；目視左側。（圖4-2-8）

圖4-2-5　畫弧

圖4-2-6　移重心

圖4-2-7　左腿收起

圖4-2-8　向左開步

9. 身體微右轉；同時雙手畫弧下按。（圖4-2-9）

圖4-2-9　旋手畫弧

10. 體左轉重心左移，右腳尖裏扣，左腳尖外擺；右手內旋至右膝上方，左手先外後內旋掤至胸前。（圖4-2-10）

11. 身體繼續左轉，重心繼續左移；左手上領，右手攜右腿跟步於體前。（圖4-2-11）

圖4-2-10　移重心

12. 雙腳與肩同寬呈虛步，右前腳掌落地；同時，右手上托於胸前，左手上領裏合於右前臂中段。（圖4-2-12）

圖4-2-11　收右腿

圖4-2-12　右腳落地

13. 右手上托，左掌下沉。（圖4-2-13）

14. 左手翻掌向上，右掌變拳落左掌心內於腹前。（圖4-2-14）

15. 右拳攜右膝一起上提，右拳至鼻尖，右膝與胯平；目視前方。（圖4-2-15）

16. 右腳震腳落地，雙腳與肩同寬；同時，右拳砸於左掌中，重心在左腿；目視前方（圖4-2-16）。面向南。

圖4-2-13　左掌內旋

圖4-2-14　拳落左掌

圖4-2-15　拳膝提起

圖4-2-16　砸拳震腳

第4-3-1　轉身運手

圖4-3-2　走下弧

圖4-3-3　雙手畫圓

第三式　懶紮衣

　　在以前實戰的時候，常把衣服的前擺攬起紮於腰帶內，故得名。充分表現了手與足的相隨關係。

　　1. 接上式。身體微右轉；雙手畫弧。（圖4-3-1）

　　2. 身體微左轉，重心右移；雙手由右向左畫弧。（圖4-3-2）

　　3. 雙手由下向上畫弧，右拳變掌合於左前臂中段，左掌立於胸前。（圖4-3-3）

4. 身體稍左後右轉，重心繼續右移，左腿向左側開一小步。（圖4-3-4）

圖4-3-4　外旋畫弧

5. 雙手左下右上旋轉畫弧分至身體兩側。（圖4-3-5）

圖4-3-5　兩掌分開

059

6. 身體微右轉，重心移至左腿。（圖4-3-6）

圖4-3-6　兩手畫弧

圖4-3-7　移重心

7. 左手走上弧、右手走下弧於身體兩側。（圖4-3-7）

圖4-3-8　雙手相合

8. 身體微左轉；右手攜右腿提起，右手內旋，掌心向上至胸前，左手由上向下畫弧合於右前臂中段。（圖4-3-8）

圖4-3-9　向右開步

9. 身體微右轉，同時右腿向右橫開一大步；雙手外撐；目視右前方。（圖4-3-9）

10. 身體微左轉；雙手同時翻掌。（圖4-3-10）

圖4-3-10　向左轉體

11. 身體微右轉，重心右移；右手外旋，由左向右走上弧線至身體右前上方，與肩同高；左腳尖裏扣。（圖4-3-11）

圖4-3-11　重心右移

12. 左手先內後外旋，順右臂走胸前收於肋間叉腰，拇指在後；目視右手中指方向；面向南。（圖4-3-12）

圖4-3-12　紮衣掤手

圖4-4-1　雙手前掤

圖4-4-2　雙手坐腕

圖4-4-3　移重心

第四式　六封四閉

封，就是把自己圍得水泄不通，使對手無隙進攻；閉，是關閉自己的門戶，保護自己，伺機進攻。

1. 承上式。身體稍右轉；雙手外旋掤至體前，十指相對，掌心向外。（圖4-4-1）

2. 身體微左轉；雙手同時內旋坐腕走下弧線，雙掌心微相對。（圖4-4-2）

3. 右腳蹬地，重心左移；左手至腹前，右手至右髖外側。（圖4-4-3）

4. 身體微左轉；同時，左手外旋，掌心向外至左髖外側，右手內旋，掌心向左至腹前。（圖4-4-4）

5. 雙手同時翻掌，右手外旋，畫弧至胸前，左手內旋，畫弧至身體左側。（圖4-4-5）

6. 身體右轉，重心移至右腿，左腿走後弧線收於體側，與肩同寬，呈虛步。（圖4-4-6）

7. 雙手經胸前向右側推出，掌心微相對，左手至身體中線，雙手與肩同寬；目視前方，面向西南。（圖4-4-7）

圖4-4-4　微左轉

圖4-4-5　雙手翻掌

圖4-4-6　移重心

圖4-4-7　收步雙掌推出

圖4-5-1　旋掌相對

圖4-5-2　雙手抱球

圖4-5-3　掌變勾手

第五式　單　鞭

　　單鞭也是一種象形的拳法，當最後動作完成時兩手左右展開，如同橫跨一條鞭子似的。該招式也是左手纏絲的一種表現形式，其要領是：

　　1. 接上式。身體微左後右轉；雙手左上右下旋轉畫弧，掌心相對。（圖4-5-1）

　　2. 雙手成抱球狀左下右上旋轉，掌心相對；目視右側。（圖4-5-2）

　　3. 身體微左轉；右手變勾手落於左掌心。（圖4-5-3）

4. 右勾手由左掌心向右
上方拉出，左手收於腹前，
掌心向上；目視右前方。
（圖4-5-4）

圖4-5-4　右手拉出

5. 身體稍右轉；左肘攔
左膝提起。（圖4-5-5）

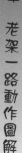

圖4-5-5　收腿扣襠

6. 左腿向左橫開一步，
腳跟內側先著地，蹬出後全
腳掌著地；目視左側。（圖
4-5-6）

圖4-5-6　向左開步

第四章　老架一路動作圖解

065

圖4-5-7　左手上掤

圖4-5-8　左掌外旋

圖4-5-9　單鞭

7. 身體稍右轉；左手內旋上托至胸前，掌心向上。（圖4-5-7）

8. 身體左轉；左掌外旋走上弧，與左手對拉至身體兩側。（圖4-5-8）

9. 右腳蹬地，重心左移，右腳尖微裏扣；目視左前方，面向南。（圖4-5-9）

第六式 金剛搗碓

該招式與前邊的金剛搗碓略有區別,前者是從兩手下按於腹前,兩足併立而變的,此招式則是從手腳都在身體兩側的單鞭變來的。身體是向左邊轉動來完成的,也稱左轉身金剛搗碓。

圖4-6-1 右勾手變掌

1. 接上式。右勾手變掌走下弧線;身體微左轉。(圖4-6-1)

2. 左掌下落與右手相合。(圖4-6-2)

圖4-6-2 雙手相合

3. 身體微右轉,右膝上領;右手外旋,左手內旋,雙手翻掌向上畫弧。(圖4-6-3)

圖4-6-3 掌走上弧

圖4-6-4　重心右移

4. 雙手向上畫弧至體前，重心右移。（圖4-6-4）

5. 身體微右轉，重心左移，右腳尖裏扣；右手先外後內旋，左手下按至腹前。（圖4-6-5）

圖4-6-5　雙手走下弧

6. 身體左轉90°，左腳尖外擺；左手掤至胸前，右手至右髖外側；目視前方，面向東。（圖4-6-6）

7. 身體繼續左轉，重心繼續左移。（圖4-6-7）

圖4-6-6　轉體

圖4-6-7　重心左移

8. 右手攜右腳跟步於體前半步呈虛步。（圖4-6-8）

9. 右手上托於胸前，左手上領裏合於右前臂中段。（圖4-6-9）

10. 左掌內旋下沉，掌心向上，右掌由下向上變拳。（圖4-6-10）

11. 右拳下落左掌心內於腹前。（圖4-6-11）

圖4-6-8　收右腿

圖4-6-9　雙手相合

圖4-6-10　右掌變拳

圖4-6-11　落於左掌

12. 右拳攜右膝提起，右拳至鼻尖，右膝與胯平；目視前方。（圖4-6-12）

圖4-6-12　右膝提起

13. 右腳震腳落地，雙腳與肩同寬；同時，右拳砸於左掌中，重心在左腿不變；目視前方，面朝東。（圖4-6-13）

圖4-6-13　砸拳震腳

第七式　白鶴亮翅

白鶴亮翅，顧名思義重在「亮翅」。

1. 接上式。欲左先右，身體微右轉。（圖4-7-1）

圖4-7-1　轉身運手

2. 身體微左轉，重心右移；雙手由右向左畫弧。（圖4-7-2）

3. 雙手由下向上畫弧，左手上領，右拳變掌。（圖4-7-3）

4. 左掌立於胸前，右掌下畫合於左前臂中段。（圖4-7-4）

5. 身體左轉，重心繼續右移；雙手交叉畫弧。（圖4-7-5）

圖4-7-2　走下弧

圖4-7-3　右拳變掌

圖4-7-4　立掌於胸前

圖4-7-5　收左腿

圖4-7-6　左腿後撤

6. 收左腿，向左後方45°撤步。（圖4-7-6）

7. 雙手左下右上畫弧分開，右手經胸前畫弧推出，左手下按至腹前。（圖4-7-7）

圖4-7-7　右手前掤

8. 身體左轉，右腳蹬地，重心左移；雙手刁托至身體兩側。（圖4-7-8）

9. 身體微右轉，重心繼續左移。（圖4-7-9）

圖4-7-8　身體左轉

圖4-7-9　重心左移

10. 右手攜右腿收至體前半步呈虛步。（圖4-7-10）

11. 左手上領畫弧與右手相合，右手掌心向上，左手大拇指落於右前臂中段。（圖4-7-11）

圖4-7-10 收步

12. 身體微左轉，收右腿，向後45°撤步；同時，右掌外旋翻掌前掤。（圖4-7-12）

13. 身體稍右後左轉，重心移至右腿。（圖4-7-13）

圖4-7-11 合手

圖4-7-12 翻掌撤步

圖4-7-13 移重心

圖4-7-14　收步打開

14. 收左腿至體前半步呈虛步，與肩同寬；雙手左下右上畫弧分開；目視右手中指方向，面向東。（圖4-7-14）

圖4-8-1　身體左轉

第八式　斜　行

歌訣有云：「斜行化拿左腳踹，進步平捯轉身採；左肩靠打不留情，右轉掤法無窮變。」

1. 接上式。身體微左轉；右手內旋走上弧線，左手外旋畫弧。（圖4-8-1）

圖4-8-2　移重心

2. 身體右轉，重心左移；左手內旋上托，右手外旋下按。（圖4-8-2）

3. 身體繼續右轉，右腳尖外擺；左手走上弧線立掌於胸前，右手走下弧線至右髖外側。（圖4-8-3）

4. 身體稍左轉，左腳蹬地，重心右移；右手內旋畫弧。（圖4-8-4）

5. 身體稍右轉；右手外旋，攜左膝向上提起。（圖4-8-5）

6. 身體微左轉，收左腿，向左前方45°開一大步；雙手外撐。（圖4-8-6）

圖4-8-3　雙手畫弧

圖4-8-4　移重心

圖4-8-5　收左腿

圖4-8-6　向左開步

7. 身體微右轉；左手內旋上托，右手外旋下按。（圖4-8-7）

圖4-8-7　上托下按

8. 身體左轉，右腳蹬地，重心左移。（圖4-8-8）

9. 左手內旋走下弧經膝前變勾手，至身體左前上方與肩平，右手先外後內旋走上弧，屈肘至胸前；目視左前方。（圖4-8-9）

圖4-8-8　重心左移

10. 身體微左轉；右掌經胸前推出。（圖4-8-10）

圖4-8-9　立身上提

圖4-8-10　右掌推出

11. 身體微右轉；右掌與左手對拉至身體兩側；右膝上領，目視右手中指方向。面向東。（圖4-8-11）

圖4-8-11 雙手對拉

第九式 摟 膝

1. 身體微右後左轉；同時，左勾手變掌，雙手先外後內旋，在左膝兩側上捧。（圖4-9-1）

圖4-9-1 雙手上捧

2. 身體右轉，重心移至右腿。（圖4-9-2）

圖4-9-2 重心右移

圖4-9-3　身體右轉

3. 身體繼續右轉，重心繼續右移。（圖4-9-3）

圖4-9-4　左腿收起

4. 雙手內旋上捧，攜左腿提起。（圖4-9-4）

圖4-9-5　坐腕外掤

5. 左腳落至體前半步呈虛步；雙手外旋，坐腕外掤，面向東。（圖4-9-5）

第十式　拗　步

在我們日常行走時，邁右腿則左手向前擺動，邁左腿則右手向前擺動，而拳式則與人的行走習慣相反，故名「拗步」。拳諺云：「上要動下必跟，下要動，上必領。」說明身、手、步法要協調一致。

圖4-10-1　左腿上提

1. 身體微右轉，左腿屈膝上提；雙手下捋至腹前。（圖4-10-1）

2. 左腿向左前方45°上一大步；雙手後擺外撐。（圖4-10-2）

圖4-10-2　向左開步

3. 身體左轉；雙手翻掌畫弧。（圖4-10-3）

圖4-10-3　身體左轉

圖4-10-4　重心左移

4. 身體繼續左轉，重心左移。（圖4-10-4）

5. 左掌外旋走上弧線下按，右掌內旋走上弧線屈肘至右耳下。（圖4-10-5）

圖4-10-5　雙手畫弧

6. 身體微左轉，重心繼續左移，右腿屈膝提起。（圖4-10-6）

7. 右腿向右前方45°開步，腳跟先著地；同時右手前推。（圖4-10-7）

圖4-10-6　收右腿

圖4-10-7　右腿開步

8. 身體微右轉，重心移至右腿。（圖4-10-8）

9. 左腿收起。（圖4-10-9）

10. 左腿向左橫開一步；同時，右手掤至體前上方，左手立掌於胸前；面向東南方。（圖4-10-10）

第十一式　斜　行

該式雖然是表明動作的方向，但實際上是一種戰術上的防禦。

1. 身體微右轉；左手內旋上托，右手外旋下按。（圖4-11-1）

圖4-10-8　移重心

圖4-10-9　提膝

圖4-10-10　開步

圖4-11-1　身體右轉

圖4-11-2　重心左移

圖4-11-3　左手上提

2. 身體左轉，重心左移。（圖4-11-2）

3. 左手內旋走下弧，經膝前變勾手，提至身體左側，與肩平，右手先外後內旋走上弧，屈肘至右肩旁；目視左前方。（圖4-11-3）

4. 身體微左轉；右掌經胸前推出。（圖4-11-4）

5. 身體稍右轉，右膝上領；右掌與左手對拉至身體兩側；目視右手中指方向，面向東（圖4-11-5）

圖4-11-4　右掌推出

圖4-11-5　雙手對拉

第十二式　摟　膝

這一摟膝動作，是兩手封閉中門，起守護作用，左腳虛點地，便於上下步與變動方向，其法同第十式。

圖4-12-1
雙手上捧

圖4-12-2
重心右移

圖4-12-3
身體右轉

圖4-12-4
左腿收起

圖4-12-5
坐腕外掤

第十三式　拗　步

　　該招式是第二次展獻給大家。該式拗步是在上式坐腕外掤的基礎上，左腿向左開步斜進，雙手下捋橫擠，一方面具有防禦之意，另一方面也隱藏進攻殺機。該式動作與第十式「拗步」相同。

圖 4-13-1
左腿上提

圖 1-13-2　開步

圖 1-13-3
雙手畫弧

圖 4-13-4
重心左移

圖 4-13-5
右掌前進

圖 4-13-6
收右腿

圖 4-13-7
右腿開步

第十四式　掩手肱拳

出拳時將本合於左掌下方的右拳翻到左拳上邊，好似左拳掩護著右拳而發。也稱「演手紅捶」，如紅鐵出爐，人不敢摸，示意大家出手要快。

圖4-14-1　重心右移

1. 接上式。身體微右轉，重心右移；左手攜左膝提起，雙手相合於胸前。（圖4-14-1）

2. 左腿向左前方45°開步；同時雙手外撐。（圖4-14-2）

圖4-14-2　左腿開步

3. 身體微右轉，重心移至左腿；兩手外旋走下弧，分至身體兩側，掌心向外。（圖4-14-3）

圖4-14-3　兩手外旋

圖4-14-4　兩手內旋

4. 身體微左轉；雙手內旋翻掌。（圖4-14-4）

圖4-14-5　右掌變拳

5. 重心移至右腿；同時，雙手走上弧線相合，左掌立掌於胸前，右掌變拳收於右肋旁。（圖4-14-5）

圖4-14-6　右拳衝出

6. 身體左轉，右腳後蹬，重心左移；同時，左掌變拳，屈肘後擊，右拳旋轉前衝，面向東南方。（圖4-14-6）

第十五式 金剛搗碓

這是第三次,說明了金剛搗碓在老架一路中的特殊地位和重要性。這式也稱右轉身金剛搗碓。

1. 接上式。身體右轉;雙手旋轉畫弧。(圖4-15-1)

圖4-15-1 身體右轉

2. 左拳先外後內旋走上弧,右拳內旋走下弧,交叉合於胸前,拳心相對。(圖4-15-2)

圖4-15-2 兩拳交叉

3. 重心移至右腿;同時,雙拳變掌外旋對拉畫弧;左腳尖裏扣。(圖4-15-3)

圖4-15-3 重心右移

圖4-15-4　重心左移

4. 身體繼續右轉，重心移至左腿；雙手向上畫弧。（圖4-15-4）

5. 隨體轉右手外旋，攜右腳畫弧。（圖4-15-5）

6. 右手內旋，攜右腿從右後側畫弧收回。（圖4-15-6）

7. 雙手左上右下相合於胸前，面向正南。（圖4-15-7）

圖4-15-5　手腳畫弧

圖4-15-6　畫弧收回

圖4-15-7　合於胸前

8. 右掌上托，左掌內旋下沉。（圖4-15-8）

9. 左掌內旋，右掌變拳落左掌心內於腹前。（圖4-15-9）

10. 重心繼續左移，右拳攜右膝一起上提至鼻尖，右膝與胯平；目視前方。（圖4-15-10）

11. 右腳震腳落地，雙腳與肩同寬；同時右拳砸於左掌中；目視前方，面向南。（圖4-15-11）

圖4-15-8 左掌下沉

圖4-15-9 右拳下落

圖4-15-10 拳腿提起

圖4-15-11 砸拳震腳

第十六式　庇身拳

因兩手在身體左右上下環繞而動，似有庇護全身之意，所以稱「庇身拳」或稱「撇身拳」「披身拳」。

圖4-16-1　向左轉體

1. 承上式。身體微左轉，重心移至右腿。（圖4-16-1）

圖4-16-2　向左開步

2. 右拳變掌，與左掌對拉至身體兩側，掌心向上，指尖相對；同時，左腿向左側開一小步。（圖4-16-2）

圖4-16-3　雙手變拳

3. 身體稍左轉，重心左移；雙手變拳，左手至腰間，右手走上弧線至胸前。（圖4-16-3）

4. 身體微右轉；左拳先外後內旋走後弧線至胸前，右拳收至腰間。（圖4-16-4）

5. 身體繼續右轉；右拳向後畫弧。（圖4-16-5）

圖4-16-4　身體右轉

6. 重心左移；右拳先外後內旋向上畫弧，左手外旋。（圖4-16-6）

7. 身體微左轉，重心左移；右拳攜右腿屈膝上提，左拳向下畫弧。（圖4-16-7）

圖4-16-5　雙手畫弧

圖4-16-6　重心左移

圖4-16-7　右腿上提

圖4-16-8　向右開步

8. 右腿向右橫開一步；目視右側。（圖4-16-8）

9. 身體微右轉；右拳外旋下按，左拳內旋上托。（圖4-16-9）

圖4-16-9　上托下按

10. 身體右轉，左腳蹬地，重心右移；雙手旋轉畫弧。（圖4-16-10）

11. 身體先右後左轉；雙手左下右上旋轉畫弧；目視右拳方向。（圖4-16-11）

圖4-16-10　重心右移

圖4-16-11　上托下按

12. 身體由左向右旋轉；右拳屈臂外旋，左拳外旋抵於左腰間。（圖4-16-12）

圖4-16-12　身體右轉

13. 身體右轉，重心右移，右拳屈臂於右太陽穴上方，左肘尖朝向身體左前方，面向南。（圖4-16- 13）

圖4-16-13　右臂屈起

第十七式　青龍出水

顧名思義是青龍盤旋衝出水面，勁力十足。右臂旋轉向下衝出，左臂對稱配合。

1. 承上式。身體微左後右轉，重心左移。（圖4-17-1）

圖4-17-1　身體右轉

圖4-17-2　重心左移

圖4-17-3　重心右移

2. 右拳內旋收腰間，左拳內旋至胸前。（圖4-17-2）

3. 身體左轉，左腳蹬地，重心右移；左拳內旋收腰間，右拳外旋順腿向外畫弧至膝上方；目視右側。（圖4-17-3）

4. 身體右轉；左拳與左手相合變掌前推。（圖4-17-4）

5. 左掌先外後內旋畫弧前撩，掌心向上，右拳內旋收至胸前；目視右前方。（圖4-17-5）

圖4-17-4　左拳變掌

圖4-17-5　重心左移

6. 身體左轉，重心右移；同時，左掌變拳屈肘後擊，右拳順右膝向外發力，面向南。（圖4-17-6）

圖4-17-6　右拳衝出

第十八式　雙推手

該招式與六封四閉基本相同，只是步子因身法的轉動而改變了方向，拳歌曰：「轉身左捋上步掤，以身雙推步要輕。掤採捋按雙推手，旋轉鬆圓如蛟龍。」

1. 接上式。身體稍右轉；雙拳變掌前掤。（圖4-18-1）

圖4-18-1　雙拳變掌

2. 雙手下捋坐腕；左膝上領。（圖4-18-2）

圖4-18-2　身體左轉

圖4-18-3　右掌上托

3. 重心左移，右腳尖內扣，左腳尖外擺，身體向左轉體約90°；隨體轉雙手運至胸前。（圖4-18-3）

4. 身體繼續左轉，重心繼續左移；雙手變捋加採。（圖4-18-4）

圖4-18-4　雙手畫弧

5. 重心移至左腿，右腿收起。（圖4-18-5）

6. 右腿向右前方45°開一大步；雙手隨體轉外擺，右手掌心向左在腹前，左手在左髖外側掌心向外；目視右前方，面向東。（圖4-18-6）

圖4-18-5　右腿收起

圖4-18-6　向前開步

7. 身體微左轉；左手內旋，右手先內後外旋向上畫弧。（圖4-18-7）

圖4-18-7 雙手畫弧

8. 身體右轉，重心右移；雙手畫弧立於胸前。（圖4-18-8）

圖4-18-8 胸前立掌

9. 重心繼續右移，收左腿與肩同寬成虛步；雙掌立起向正前方推出。（圖4-18-9）

圖4-18-9 雙掌推出

圖4-19-1　前推後拉

圖4-19-2　交叉穿掌

第十九式　肘底拳

是該套路中的五捶之一，是承上啟下的拳式。歌訣云：「肘底看捶守門戶，承上啟下似水流。屈身自處靜待來，有真無假形象古。」

1. 接上式。身體微右轉；左手坐腕前推，右手內旋後拉。（圖4-19-1）

2. 身體稍左轉；雙手交叉穿掌。（圖4-19-2）

3. 左手外旋下按，掌心向下，右手先內後外旋，向上畫弧。（圖4-19-3）

4. 身體稍右轉畫弧；雙手畫弧對拉。（圖4-19-4）

圖4-19-3　雙手畫弧

圖4-19-4　右上左下

5. 身體繼續右轉；右手外旋走下弧線，左手內旋向上畫弧。（圖4-19-5）

6. 左手攔左膝提起，右掌畫弧至腰間變拳。（圖4-19-6）

7. 身體微左轉，左腳至體前半步成虛步；左肘下垂立掌於胸前。（圖4-19-7）

8. 左肘下沉裏合，右拳合於左肘下。（圖4-19-8）

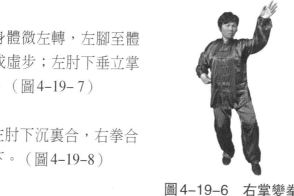

圖4-19-5　翻掌畫弧

圖4-19-6　右掌變拳

圖4-19-7　立掌胸前

圖4-19-8　肘拳相合

圖4-20-1　左腿收起

圖4-20-2　左退撤步

圖4-20-3　右手前掤

第二十式　倒捲肱

是拳中連續後退的一種架式。而肱為手臂到肩的部分，步向後退時，兩手旋轉，向後到而轉之，故名。

1. 接上式。身體微右轉，左腿收起；右拳變掌，雙手穿掌相合於胸前。（圖4-20-1）

2. 身體左轉，左腳向左後45°撤步。（圖4-20-2）

3. 右手外旋推掌前掤，左手下按至腹前，重心在右；目視右前方。（圖4-20-3）

4. 身體繼續左轉，重心左移。（圖4-20-4）

5. 左手走下弧與右手對拉至身體兩側。（圖4-20-5）

6. 身體右轉；左手內旋走上弧線，屈肘於左耳下側，掌心向前，右手內旋，翻掌向上。（圖4-20-6）

7. 身體右轉，重心繼續左移，收右腳於體前半步呈虛步；雙手經胸前左上右下相合，掌心微相對。（圖4-20-7）

圖4-20-4　重心左移

圖4-20-5　雙掌對拉

圖4-20-6　身體右轉

圖4-20-7　右腿收起

8. 雙手同時外旋翻掌；右腿收起。（圖4-20-8）

圖4-20-8　向後撤步

9. 右腳向右後 45° 撤步；右手外旋走下弧，左手前掤；目視左前方。（圖4-20-9）

圖4-20-9　左手外掤

10. 身體繼續右轉，重心右移。（圖4-20-10）

圖4-20-10　身體右轉

11. 右手走下弧與左手對拉至身體兩側。（圖4-20-11）

圖4-20-11　雙手對拉

12. 身體左轉，重心繼續右移；右手內旋走上弧線，屈肘於右耳下側，掌心向前，左手內旋，翻掌向上。（圖4-20-12）

圖4-20-12　身體左轉

13. 身體繼續左轉，重心繼續右移，收左腳於體前半步呈虛步；同時，雙手內旋合於胸前。（圖4-20-13）

圖4-20-13　雙手相合

第二十一式　白鶴亮翅

　　本式是第二次呈獻給大家，其特徵是從前招定勢的左前虛步變為左右後撤步，也是後退步法的一種。歌訣云：「倒捲肱下接白鶴，捋變右採招數多，妙如水輪推急緩，左手下按蕩清波。」

圖4-21-1
左掌翻下

圖4-21-2
左腿後撤

圖4-21-3
右手前掤

圖4-21-4
左手變勾手

圖4-21-5
重心左移

圖4-21-6
右腿收起

圖4-21-7
雙手相合

圖4-21-8
翻掌撤步

圖4-21-9
重心右移

圖4-21-10
收步打開

第二十二式 斜 行

要做到斜中欲正，全身上下協調一致。該式動作同第八式。

圖 4-22-1
身體左轉

圖 4-22-2
雙手畫弧

圖 4-22-3
左掌立起

圖 4-22-4
重心右移

105

圖 4-22-5
收左腿

圖 4-22-6
向左開步

圖 4-22-7
上托下按

圖 4-22-8
左手變勾

圖 4-22-9
左手上提

圖 4-22-10
右掌推出

圖 4-22-11
雙手對拉

圖4-23-1　雙手前掤

圖4-23-2　身法下沉

圖4-23-3　左腿收起

第二十三式　閃通背

「閃」者，是將背後來勁引空，快速將對方「跌」出。

1. 承上式。身體微右後左轉；左勾手變掌，雙手掤至體前。（圖4-23-1）

2. 身體右轉，重心右移，身法下沉；雙手大将；目視左前方。（圖4-23-2）

3. 身法上領，收左腿至體前呈虛步，身體先右後左轉。（圖4-23-3）

4. 左手先內後外旋，右手先外後內旋走上弧於體前上方。（圖4-23-4）

5. 身體左轉，左腿向左後45°撤步。（圖4-23-5）

6. 身法下沉，重心迅速移至左腿；同時雙手大捋至腹前。（圖4-23-6）

7. 身法上領，收右腿至體前呈虛步；同時，雙手隨體轉左上右下畫弧於體前，掌心斜相對。（圖4-23-7）

圖4-23-4　雙手畫弧

圖4-23-5　左腿後撤

圖4-23-6　身法下沉

圖4-23-7　右腿收起

圖4-23-8　右膝提起

8. 身體稍右轉；右手外旋，攔右膝提起。（圖4-23-8）

圖4-23-9　右腿開步

9. 右腿向右前 45° 開步；同時，雙手左下右上畫弧分至身體兩側；目視前方。（圖4-23-9）

圖4-23-10　下按移重心

10. 身體繼續右轉，重心移至右腿；右手外旋下按。（圖4-23-10）

11. 左手內旋，攜左膝提起。（圖4-23-11）

圖4-23-11　收左腿

12. 左腿迅速向左前45°開步；同時，雙手左上右下在體側畫弧。（圖4-23-12）

圖4-23-12　左腿開步

13. 身體左轉，重心左移；同時，雙掌對開發力，左掌下按至左髖旁，右掌向前上方穿掌面向東。（圖4-23-13）

圖4-23-13　穿掌

第二十四式　掩手肱拳

　　第十四式是直接向左開步，而本式則是後轉身180°向左開步，體現了各個角度隨時可以發勁，身上無處不是手。

圖4-24-1　身體右轉

　　1. 承上式。身體稍右轉，重心右移；同時，雙手外旋畫弧。（圖4-24-1）

圖4-24-2　雙手對拉

　　2. 左腳尖裏扣，雙手對拉。（圖4-24-2）

圖4-24-3　轉體約180°

　　3. 重心移至左腿。（圖4-24-3）

4. 重心繼續左移，並以左腿為軸，使身體向右轉體約180°；雙手左內右外旋轉畫弧。（圖4-24-4）

圖4-24-4　雙手畫弧

111

5. 左手內旋走上弧至體前上方，右手先外後內旋畫弧，攜右腿屈膝提起。（圖4-24-5）

圖4-24-5　右腿上提

6. 身體微右轉，右腳下震後重心右移；雙手交叉相合於胸前。（圖4-24-6）

圖4-24-6　下震移重心

圖4-24-7　左腿上提

7. 身體微右轉，重心繼續右移，左腿屈膝提起。（圖4-24-7）

圖4-24-8　左腿開步

8. 左腿向左前方45°開步；雙手外撐，掌背相對，目視左前方。（圖4-24-8）

圖4-24-9　雙手外分

9. 身體微右轉，重心左移；兩手外旋走下弧線，分至身體兩側，雙掌心向外。（圖4-24-9）

10. 身體微左後右轉，重心右移；兩手內旋向上畫弧。（圖4-24-10）

圖4-24-10　內旋翻掌

11. 左手立掌於胸前，右掌變拳收於右肋間。（圖4-24-11）

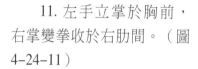

圖4-24-11　右掌變拳

12. 身體左轉，重心左移；左掌變拳屈肘後擊，右拳內旋前衝。（圖4-24- 12）

圖4-24-12　右拳前衝

圖4-25-1　雙拳變掌

圖4-25-2　重心右移

圖4-25-3　身體左轉

圖4-25-4　收右腿

第二十五式　六封四閉

本式依據拳路需要添加了手法、步法和身法的運用。

1. 接上式。雙拳變掌掤於體前。（圖4-25-1）

2. 身體微右轉，重心移至右腿；同時，雙手坐腕下捋，雙掌心微相對。（圖4-25-2）

3. 身體左轉約45°，左腳尖外擺，雙手隨體轉畫弧。（圖4-25-3）

4. 重心移至左腿，右腿屈膝上提。（圖4-25-4）

5. 右腿向右側橫開一步；同時，雙手隨體轉畫弧下捋至腹前。（圖4-25-5）

6. 身體先左後右轉；同時，左手先外後內旋，右手先內後外旋走上弧線。（圖4-25-6）

7. 重心右移；雙手收於胸前，掌心微相對。（圖4-25-7）

8. 重心繼續右移，左腿走後弧線收於體側，與肩同寬呈虛步；雙掌經胸前向外推出；目視右前方。（圖4-25-8）

圖4-25-5　右腿橫開

圖4-25-6　雙手翻掌

圖4-25-7　重心右移

圖4-25-8　收步雙掌推出

第二十六式 單 鞭

在做此招式時，須運用腰脊作軸來帶動，才能做得圓勁灑脫。

圖 4-26-1
旋掌相對

圖 4-26-2
雙手抱球

圖 4-26-3
左下右上

圖 4-26-4
拳變勾手

圖 4-26-5
右手拉出

圖 4-26-6
收腿扣襠

圖 4-26-7
向左開步

圖 4-26-8
左手上掤

圖 4-26-9
左掌外旋

圖 4-26-10
單 鞭

第二十七式 雲　手

雲手是雙手配合的基本功之一，結合靈活多變的步法，攻防兼顧。由於兩手交互旋轉如雲隨風擺動，故稱「雲手」。

1. 承上式。身體微左轉；右勾手變掌走下弧線。（圖4-27-1）

圖4-27-1　右勾變掌

2. 右掌內旋上托至胸前，左手外旋下按至左髖外側。（圖4-27-2）

圖4-27-2　上托下按

3. 身體右轉，雙手同時翻掌，左手內旋，右手外旋，右膝上領。（圖4-27-3）

圖4-27-3　雙手翻掌

4. 雙手畫弧；左腳蹬地，重心右移。（圖4-27-4）

圖4-27-4　移重心

5. 身體微右轉；左手內旋，上托至胸前，右手外旋，下按至右髖外側。（圖4-27-5）

圖4-27-5　上托下按

6. 身體左轉；雙手同時翻掌，左膝上領。（圖4-27-6）

圖4-27-6　雙手翻掌

7. 雙手畫弧；右腳蹬地，重心左移。（圖4-27-7）

圖4-27-7　移重心

8. 重心左移，提右膝向後插步，腳尖著地；右手內旋至右胯前，左手外旋走上弧線至左前上方，與肩同高。（圖4-27-8）

圖4-27-8　插步

9. 身體微右後左轉，重心右移；右手內旋上托，左手外旋下按。（圖4-27-9）

圖4-27-9　上托下按

圖4-27-10　翻掌移重心

10. 重心繼續右移；雙手同時翻掌，左膝上提。（圖4-27-10）

圖4-27-11　開步

11. 左腿向左開步；同時，右手畫弧外撐。（圖4-27-11）

圖4-27-12　上托下按

12. 身體微右轉；左手內旋，上托至胸前，右手外旋，下按至右髖外側。（圖4-27-12）

13. 身體左轉；雙手同時翻掌，左膝上領。（圖4-27-13）

圖4-27-13　翻掌

14. 右腳蹬地，重心左移；雙手旋轉畫弧。（圖4-27-14）

圖4-27-14　移重心

15. 重心繼續左移，提右膝向左後插步，腳尖先著地。（圖4-27-15）

圖4-27-15　插步

16. 身體微右後左轉，重心移至右腿；右手內旋上托，左手外旋下按。（圖4-27-16）

圖4-27-16　上托下按

17. 重心繼續右移，收左腿提起；同時，左手內旋，右手外旋畫弧。（圖4-27-17）

圖4-27-17　提左膝

18. 左腿向左開一大步；同時，雙手外撐，面向南。（圖4-27-18）

圖4-27-18　開步

第二十八式 高探馬

動作猶如探撫馬背，一手引繮，一手撫繮。步法以雲手的最後一個動作的右弓步變為左弓步，雖然步形稍做改變，但隨著身體的左右旋轉和腿部的纏法順逆互變，卻是暗換襠勁。

1. 接上式。身體微右轉；左手內旋上托至胸前，右手外旋下按。（圖4-28-1）

圖4-28-1 上托下按

2. 身體左轉，重心左移；左手畫弧掤至胸前，右手至右髖外側。（圖4-28-2）

圖4-28-2 身體左轉

3. 身體繼續左轉，重心繼續左移；右手攜右腿屈膝提起。（圖4-28-3）

圖4-28-3 右腿收起

圖4-28-4　向右開步

4. 右腿向右側 45° 開步；同時，雙手左上右下畫弧合至胸前，掌心相對。（圖4-28-4）

圖4-28-5　重心右移

5. 身體先左後右轉，重心右移；同時，右手先內後外旋走下弧線至腹前，左手前推。（圖4-28-5）

圖4-28-6　雙手分開

6. 身體繼續右轉；雙手對拉至身體兩側；目視右前方。（圖4-28-6）

7. 身體左轉，左膝上領，重心左移，右腳尖裏扣；同時雙手內旋相合。（圖4-28-7）

圖4-28-7　身體左轉

8. 身體繼續左轉，左手收於腹前，掌心向上，右手內旋走上弧，屈肘立掌於右耳下。（圖4-28-8）

9. 身體繼續左轉約90°，左腿畫弧收於身體左側，與肩同寬，呈虛步。（圖4-28-9）

圖4-28-8　右臂屈肘

10. 重心移至有腿；左手收至腹前，右手向右前方推出，掌心向外。（圖4-28-10）

圖4-28-9　收左腿

圖4-28-10　右掌推出

圖4-29-1　身體左轉

圖4-29-2　雙手畫弧

圖4-29-3　蓋步交叉

第二十九式　右擦腳

陳鑫先生說：手到步不到，發人不巧妙。用腳法攻人，應靈活運用，而踢時必須看準對方的空隙進行。

1. 接上式。身體先右後左轉；右手先外後內旋走下弧至腹前。（圖4-29-1）

2. 左手內旋，畫弧至身體左側。（圖4-29-2）

3. 身體微右轉，重心繼續右移；左手攔左膝提起。（圖4-29-3）

4. 左腿蓋步於右腳前成交叉步；雙手左上右下畫弧交叉於胸前。（圖4-29-4）

5. 左腳踏實，重心左移，身法下沉；同時雙腕外撐。（圖4-29-5）

6. 身法上領，重心繼續左移；雙手由胸前外旋舉至頭頂。（圖4-29-6）

7. 右腿伸直上踢，雙手向左右兩側由上向下擊打，右掌迎擊右腳面。（圖4-29-7）

圖4-29-4　合手

圖4-29-5　身法下沉

圖4-29-6　雙手過頭

圖4-29-7　右腿上踢

圖4-30-1　雙手畫弧

圖4-30-2　右腳外擺

圖4-30-3　身體右轉

第三十式　左擦腳

有歌訣說左擦腳：「右腳
踢罷勢不休，上步抄手如旋
風。指上打下拳中訣，腳插襠
中技法精。」

1. 接上式。右腳擦過後，
身體右轉，右腳自然下落。
（圖4-30-1）

2. 右腳尖外擺45°，腳跟
著地；同時，左上右下畫弧交
叉於胸前。（圖4-30-2）

3. 身體繼續右轉，右腳踏
實，重心右移。（圖4-30-3）

4.身法下沉；同時，雙
掌坐腕相交於胸前，手臂相
對。（圖4-30-4）

圖4-30-4 身法下沉

5.身法上領，重心繼續
右移；兩手由胸前外旋上領
至頭頂。（圖4-30-5）

圖4-30-5 雙手過頭

6.左腿由後向前收起上
踢，雙手分至身體兩側，左
掌迎擊左腳面，面向東。
（圖4-30-6）

圖4-30-6 左腳上踢

圖4-31-1　下落回收

圖4-31-2　雙手相合

第三十一式　左蹬一根

以前練拳地下埋椿，腳腳跟一根一根地去蹬，所以叫做「蹬一根」。

1. 接上式。身體微左轉，左腿自然下落。（圖4-31-1）

2. 左腳收至右腳後，重心左移，身體向左轉體180°；雙手交叉至腹前，掌背相對；目視右側。（圖4-31-2）

3. 身體微左轉，重心繼續左移，右腿屈膝提起。（圖4-31-3）

4. 身體微右轉，右腿向右開步；雙手外旋分至身體兩側，掌心向外。（圖4-31-4）

圖4-31-3　重心左移

圖4-31-4　雙掌外旋

5. 身體微左轉，重心移至右腿；雙手同時內旋畫弧。（圖4-31-5）

6. 收左腿至右腿前；雙手內旋畫弧合至腹前。（圖4-31-6）

7. 收左腿屈膝上提；同時，雙掌內旋變拳交叉，拳心向裏。（圖4-31-7）

8. 身體稍右後左轉，左腳向左側快速蹬出，同時雙拳對拉向身體左右兩側快速發力，目視左側。面向北。（圖4-31-8）

圖4-31-5　雙手內旋

圖4-31-6　收步合手

圖4-31-7　左膝上提

圖4-31-8　左腳蹬出

圖4-32-1 開步

圖4-32-2 雙手畫弧

圖4-32-3 收右腿

第三十二式 前趟拗步

前趟拗步就是大步地向前走，是有效防禦及進攻之招式。

1. 承上式。身體左轉，收左腿向左開步；雙拳變掌畫弧。（圖4-32-1）

2. 身體左轉，重心左移；左手外旋下按於體前，右手內旋走上弧線，屈肘合於身體右側。（圖4-32-2）

3. 身體繼續左轉，重心繼續左移，右腿向上提起。（圖4-32-3）

4. 右腳向右前方45°開步；同時，左手下按至左胯旁，右手前推，面向西。（圖4-32-4）

圖4-32-4　右腿開步

5. 身體右轉，重心右移；右手外旋下按，左腿內旋攜左膝提起。（圖4-32-5）

圖4-32-5　收左腿

133

6. 左腿向左前方45°開步；左手立掌於胸前，右掌下按至右髖旁，面向西北方。（圖4-32-6）

圖4-32-6　左腿開步

圖4-33-1　身體右轉

圖4-33-2　雙手變拳

圖4-33-3　畫弧栽拳

第三十三式　擊地捶

是五捶中的一捶，也稱「神仙一把抓」，就是在對方緊追不放的情況下，猛然彎腰掀起一把土，投向其眼睛，反敗為勝。

1. 接前式。身體微右轉；左手下按，右手上托。（圖4-33-1）

2. 身體左轉，重心左移；雙手變拳，右手走上弧，左手走下弧。（圖4-33-2）

3. 左拳彎肘前掤，右拳走上弧線垂直下擊栽拳；面向西北方。（圖4-33-3）

第三十四式　踢二起

也稱「二起腳」，就是連環雙踢的做法。歌訣云：「左引右擊踢二起，虛位以待隨心使，若非平日空中躍，怎練連環左右踢。」

1. 接上式。身體右轉；雙拳左上右下畫弧。（圖4-34-1）

圖4-34-1　雙手畫弧

2. 兩拳左上右下畫弧交叉合於體前，拳心相對。（圖4-34-2）

圖4-34-2　兩拳交叉

3. 身體右轉約90°，重心右移，左腳尖裏扣。（圖4-34-3）

圖4-34-3　左腳尖裡扣

圖4-34-4　右肘上擊

4. 右拳外旋屈肘上擊，左拳內旋與右肘對拉。（圖4-34-4）

5. 身體向右轉體約90°，重心移至左腿，右腿畫弧收於體前，前腳掌著地。（圖4-34-5）

圖4-34-5　轉體

6. 雙手隨體轉左上右下畫弧，左拳與肩同高，右拳至右胯旁，雙拳相對。（圖4-34-6）

7. 身體微右轉；右拳攜右腳提起。（圖4-34-7）

圖4-34-6　雙拳畫弧

圖4-34-7　右腳提起

8. 右腳跨步前躍，左腿跟步上領。（圖4-34-8）

圖4-34-8　跨步前躍

9. 身體騰空而起；同時，雙手隨身體上躍，分別在左右兩側前後畫弧。（圖4-34-9）

圖4-34-9　身體上躍

10. 右腳躍步上踢，左掌與肩同高，右掌迎擊右腳面，面向東。（圖4-34-10）

圖4-34-10　右腳上踢

圖4-35-1　自然下落

第三十五式　護心拳

手法都是圍繞胸部反覆運動，旨在保護胸肋，有歌佐證：護心拳裏無限意，右進靠肘平捯成，欲用剛強先示柔，斜退搠按影無形。

1. 接上式。踢二起後，左腳先落地，全身相合。（圖4-35-1）

圖4-35-2　上右步

2. 右腳落地後迅速向前上步；同時，雙手內旋相合。（圖4-35-2）

圖4-35-3　雙手前搠

3. 重心右移，左腳緊跟其後；同時，雙手外旋前搠。（圖4-35-3）

4. 身體微左轉，左腿向後45°撤步；同時，右手前掤，左手後拉。（圖4-35-4）

圖4-35-4　左腿撤步

5. 身體繼續左轉，重心左移，收右腿至體前呈虛步。（圖4-35-5）

圖4-35-5　重心左移

6. 左手變刁手畫弧至左前上方，與肩同高；右掌在胸前內旋上托。（圖4-35-6）

圖4-35-6　雙手刁托

圖4-35-7　雙手變拳

7. 身體微右轉；雙手變拳畫弧。（圖4-35-7）

8. 左拳至胸前，右拳至腰間。（圖4-35-8）

9. 右拳經腰間先外後內旋走後弧線上領。（圖4-35-9）

10. 身體微左轉，重心繼續左移；右拳攔右膝提起。（圖4-35-10）

圖4-35-8　身體右轉

圖4-35-9　雙手畫弧

圖4-35-10　收起右腿

11. 右腿向右橫開一大步；右拳至體前，同時左拳走下弧至左髖外側；目視右側。（圖4-35-11）

圖4-35-11　向右開步

12. 身體微左轉；右拳外旋下按，左拳內旋上托。（圖4-35-12）

13. 身體右轉，重心移至右腿。（圖4-35-13）

圖4-35-12　上托下按

14. 左拳走上弧前推於胸前，右拳走下弧線後拉至右胯旁。（圖4-35-14）

圖4-35-13　重心右移

圖4-35-14　前推後拉

圖4-35-15　右拳旋出

15. 身體微右轉；右拳從右肋間旋轉向上。（圖4-35-15）

圖4-35-16　裡合下壓

16. 身體微左轉；左拳裏合，右肘下壓。（圖4-35-16）

圖4-35-17　雙拳相合

17. 右拳由肋間旋出，屈肘於胸前，斜立肘向外發力，左拳裏合至右肘下，拳心向裏，面向東北方。（圖4-35-17）

第三十六式　旋風腳

手和腳向右旋轉，右腳旋
轉外擺，如旋風越刮越猛，故
名。收起時，左手與向裏合的
左腳擊響，左腳在空中完成
360°後落地。

圖4-36-1　變掌外掤

1. 接上式。身體微右轉，
重心繼續右移；雙拳變掌外旋
前掤。（圖4-36-1）

2. 身體由右向左旋轉；雙
手坐腕下捋。（圖4-36-2）

圖4-36-2　身體左轉

3. 重心左移；左手變刁
手，右手內旋至右髖前。
（圖4-36-3）

圖4-36-3　重心左移

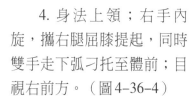

4. 身法上領；右手內旋，攜右腿屈膝提起，同時雙手走下弧刁托至體前；目視右前方。（圖4-36-4）

圖4-36-4　提膝刁托

5. 身體右轉，右腳提起後外擺旋轉至右前方45°落步，腳跟著地。（圖4-36-5）

圖4-36-5　右腳尖外擺

6. 雙手交叉相合於胸前，掌背相對。（圖4-36-6）

圖4-36-6　坐腕外撐

7. 身體右轉90°，身法下沉，右腳踏實，重心移至右腿成歇步；雙手坐腕外撐，掌背相對。（圖4-36-7）

圖4-36-7　身法下沉

8. 身法上領，身體右轉180°。（圖4-36-8）

圖4-36-8　身法上領

9. 提左腿向上向右畫弧橫掃，腳尖向上；雙掌向身體兩側分開，左掌迎擊左腳內側。（圖4-36-9）

圖4-36-9　左掌迎擊

圖4-36-10　雙手相合

10. 左腿隨體轉自然下落於右腳內側成虛步；雙手相合，左外右內交叉於腹前，面向北。（圖4-36-10）

第三十七式　右蹬一根

陳式老架一路歌訣：

假如右敵來攻我，巧挪半步將身裹，挪時我已蓄好力，這時只須蹬右根。

圖4-37-1　左腿開步

1. 接上式。身體稍左轉，左腿向左開步；同時，雙掌外旋分於身體兩側，雙掌心向外。（圖4-37-1）

2. 右轉重心左移，右腿成虛步；雙手內旋，左外右內交叉於腹前。（圖4-37-2）

圖4-37-2　右腿回收

3. 雙掌變拳裏合；右腿屈膝上提；目視右側。（圖4-37-3）

圖4-37-3 右膝上提

4. 身體稍左後右轉，右腳迅速向外蹬出；雙拳對拉向身體兩側快速發力；目視右側。（圖4-37-4）

圖4-37-4 右腳蹬出

5. 身體右轉90°，右腳收回；左手合於左髖旁，掌心向裏，屈右肘掌心合於胸前，向下，面向東。（圖4-37-5）

圖4-37-5 收腳轉體

第三十八式　掩手肱拳

　　陳發科前輩講發勁的方法有四種：一為輪子邊上的勁，只能打著對方，但不會有損傷；二為輪子內的勁，即是捯法，能折斷骨節，不可輕試。三為鑽頭勁，此式就是這種勁，不遇真正敵人，不可輕使。

圖 4-38-1
右膝上領

圖 4-38-2
重心右移

圖 4-38-3
左腿收起

圖 4-38-4
向左開步

圖 4-38-5
雙手外旋

圖 4-38-6
重心右移

圖 4-38-7　右掌變拳

圖 4-38-8　右拳衝出

第三十九式　小擒打

也叫「小擒拿」，關節、穴位以及要害部位，是由擒拿對方身體使其失去反抗能力而束手就擒。這就是拳師們常說的「既有拿手不敗，還有招數不傷人」。

1. 接上式。身體右轉，重心右移，右拳畫弧向上，左拳畫弧至左髖前。（圖4-39-1）

2. 身體左轉，重心左移；左手衝拳上領，右手內旋收至腰間。（圖4-39-2）

3. 重心左移後，右腿由後向前收起。（圖4-39-3）

圖4-39-1　重心右移

圖4-39-2　身體左轉

圖4-39-3　右腿收起

圖4-39-4　右腿開步

4. 右腿向右前方45°上步，腳跟著地，腳尖外擺；同時，左拳內旋與右手相合，右拳先內後外旋畫弧。（圖4-39-4）

5. 身體右轉90°，重心移至右腿；左拳變掌合於右腕，右拳外旋下壓。（圖4-39-5）

圖4-39-5　重心右移

6. 身體繼續右轉，重心繼續右移，左腿向上提起。（圖4-39-6）

7. 左腿向左前45°開步；同時，右拳變掌，雙手外旋，左下右上畫弧分至身體兩側。（圖4-39-7）

圖4-39-6　左腿收起

圖4-39-7　左腿前開

8. 身體微右轉；同時，右手外旋下按，左掌內旋向上畫弧。（圖4-39-8）

9. 左掌先內後外旋，右手內旋合左手於胸前。（圖4-39-9）

10. 身體左轉，重心左移；雙手外旋前掤。（圖4-39-10）

11. 雙手經胸前向左側推出，雙掌心皆向外，左手指尖向右，右手指尖向上，面向南（圖4-39-11）

圖4-39-8　身體右轉

圖4-39-9　雙手相合

圖4-39-10　重心左移

圖4-39-11　雙手推出

圖4-40-1　右手前推

第四十式　抱頭推山

實戰中，如果對方從背後襲來，我必須轉身應對。為了防止對方襲擊面部，必須抱頭防範，並且應趁其不備，立掌向前將其推倒。有歌訣：「左手掩面柔無骨，鎖扣雙推山欲崩。」

1. 接上式。身體微左轉；左手內旋裏合，右手從左臂下推出。（圖4-40-1）

圖4-40-2　雙掌畫弧

2. 身體右轉，重心右移，左腳尖裏扣。（圖4-40-2）

圖4-40-3　轉身收步

3. 收右腿至體前呈虛步；雙掌隨體轉走上弧線，內旋交叉下落於胸前。（圖4-40-3）

4. 身體先右後左轉；同時，雙掌走下弧線分至身體兩側。（圖4-40-4）

5. 身體微左轉；雙手走上弧線屈肘相對，並攜右腿向上提起目視右前方，面向南。（圖4-40-5）

6. 右腳向右側開一大步。（圖4-40-6）

7. 身體右轉，重心右移；雙手立掌經胸前向右側推出，掌心斜向外，面向南。（圖4-40-7）

圖4-40-4　雙掌側分

圖4-40-5　右腳提起

圖4-40-6　開右步

圖4-40-7　立掌推出

第四十一式　六封四閉

　　在做這個招式時，雙手由合轉開，或由開轉合，都要以腰脊為軸也就是身體的轉動來帶動，在左右轉動時上體仍須中正。

圖4-41-1
雙手掤出

圖4-41-2
雙手下捋

圖4-41-3
左捌

圖4-41-4
翻掌畫弧

圖4-41-5
重心右移

圖4-41-6
收步推掌

第四十二式　單　鞭

歌云：聲東擊西虛為強，此勢平日善用詳，兩肱伸展分左右，一字長蛇應八方。

圖4-42-1
旋當相對

圖4-42-2
雙手抱球

圖4-42-3
掌變勾手

圖4-42-4
右手拉出

圖4-42-5
收腿扣襠

圖4-42-6
向左開步

圖4-42-7
左手上掤

圖4-42-8
左掌外旋

圖4-42-9
單　鞭

圖4-43-1　勾手變掌

圖4-43-2　上托下按

圖4-43-3　雙手畫弧

第四十三式　前　招

所謂前招，就是應付身前的招式，後招則是應付身後的招式。

1. 接上式。右勾手變掌走下弧線；身體稍左轉，重心繼續左移。（圖4-43-1）

2. 右手內旋上托，左手外旋下按。（圖4-43-2）

3. 左手內旋，右手外旋；身體向右轉體90°，重心右移，左腳尖裏扣。（圖4-43-3）

4. 右腳尖外擺；雙手畫弧前掤。（圖4-43-4）

圖4-43-4　右手前掤

5. 身體繼續右轉，重心繼續右移，左腿收起。（圖4-43-5）

圖4-43-5　重心右移

6. 左腿收於體前呈虛步；左手內旋至左髖前，右手外旋，左腕至右前上方，掌心向外，指尖向上，面向西。（圖4-43-6）

圖4-43-6　左呈虛步

圖 4-44-1　向左開步

圖 4-44-2　上托下按

第四十四式　後　招

此招式與前招緊緊相扣，以應付身後的襲擊。

1. 接前招定式。身體稍右後左轉，重心繼續右移；左手攔左腿收起向左開步，雙手隨體轉外撐。（圖 4-44-1）

2. 左腳落地，左膝上領，身體微右轉；左手內旋上托，右手外旋下按。（圖 4-44-2）

3. 身體左轉，重心左移；左手內旋，右手外旋，雙手同時翻掌。（圖 4-44-3）

4. 身體繼續左轉，重心繼續左移；雙手隨體轉畫弧。（圖 4-44-4）

圖 4-44-3　雙手畫弧

圖 4-44-4　重心左移

5. 收右腿於體前半步呈虛步；右手至右髖外側，左手至左前上方，面向西。（圖4-44-5）

圖4-44-5　收右腿

第四十五式　野馬分鬃

野馬分鬃是雲手的放大，身法、手法和步法都是展開奔放的。陳鑫先生講：步子放大到三尺寬，中指能夠擦地前轉，如野馬奔馳時鬃毛被風吹得左右分披一般。

圖4-45-1　身體左轉

1. 承上式。身體微左轉。（圖4-45-1）

2. 左手外旋下按，右手內旋上托至胸前。（圖4-45-2）

圖4-45-2　上托下按

圖4-45-3　翻掌畫弧

3. 身體微右轉；雙手同時翻掌畫弧。（圖4-45-3）

4. 左手內旋上托，右手外旋畫弧。（圖4-45-4）

5. 身體微左轉；雙手同時翻掌畫弧。（圖4-45-5）

6. 身體微左後右轉，收右腿，向右前方45°開步；同時，雙手外撐。（圖4- 45-6）

圖4-45-4　上托下按

圖4-45-5　翻掌畫弧

圖4-45-6　右腿右開

7. 身體微左轉；左手外旋下按，右手內旋上托。（圖4-45-7）

圖4-45-7　上托下按

8. 身體微右轉；左手內旋，右手外旋翻掌畫弧；右腳尖外擺。（圖4-45-8）

9. 身體繼續右轉，重心右移；雙手畫弧前掤。（圖4-45-9）

圖4-45-8　翻掌畫弧

10. 身體繼續右轉90°，重心繼續右移，左腿屈膝上提。（圖4-45-10）

圖4-45-9　重心右移

圖4-45-10　左腿收起

11. 左腿向左前方45°開步;同時,雙手隨體轉外掤。(圖4-45-11)

12. 身體微右轉;左手內旋上托,右手外旋下按。(圖4-45-12)

13. 身體左轉,左膝上領;同時,右手內旋,左手外旋畫弧。(圖4-45-13)

14. 身體繼續左轉,重心左移;左手外旋走上弧至左前上方,右手內旋至右髖外側;目視左側,面向西北方。(圖4-45-14)

圖4-45-11 向左開步

圖4-45-12 身體右轉

圖4-45-13 左膝上領

圖4-45-14 左手前掤

第四十六式 六封四閉

根據拳勢和轉身方向，該招式為「左轉式」六封四閉。

1. 接上式。身體左轉，重心繼續左移；同時，右手上合左手，雙手掤至體前。（圖4-46-1）

圖4-46-1 雙手前掤

2. 身體稍右轉，重心右移；同時，雙手下捋至腹前。（圖4-46-2）

圖4-46-2 雙手下捋

3. 身體微右後左轉；左手先內後外旋，右手先外後內旋，雙手向上畫弧。（圖4-46-3）

圖4-46-3 雙手畫弧

圖4-46-4　左腳外擺

4. 身體繼續向左轉體90°，左腳尖外擺，重心移至左腿。（圖4-46-4）

5. 雙手隨體轉畫弧，左手至腹前，右手至右前上方。（圖4-46-5）

圖4-46-5　重心左移

6. 重心繼續左移，右腿屈膝提起。（圖4-46-6）

7. 右腿向右開一大步；同時，左手外旋至左髖外側，右手內旋至腹前。（圖4-46-7）

圖4-46-6　收右腿

圖4-46-7　向右開步

8. 身體微左轉；雙手同時翻掌畫弧，右膝上領。（圖4-46-8）

圖4-46-8　翻掌畫弧

9. 身體右轉，左腳蹬地，重心移至右腿。（圖4-46-9）

圖4-46-9　重心右移

10. 重心繼續左移，左腿收於體側呈虛步；雙手經胸前向右側推出，左手至身體中線；目視右前方，面向南。（圖4-46-10）

圖4-46-10　收步推掌

第四十七式　單　鞭

拳譜云：「心為令，氣為旗，全身意在神，不在氣，在氣則滯。」在做單鞭招式時，要求全身關節形成一條龍似的貫穿起來，勁要從腳跟透過脊背上升而形於手指。

圖 4-47-1
旋掌相對

圖 4-47-2
雙手抱球

圖 4-47-3
拳變勾手

166

圖 4-47-4
右手拉出

圖 4-47-5
收腿扣襠

圖 4-47-6
向左開步

圖 4-47-7
左手上掤

圖 4-47-8
左掌外旋

圖 4-47-9
單　鞭

第四十八式 玉女穿梭

是應付四面來敵的轉身換位招式。在雙腳震地後，趁著右腿前蹬發力之際，左腿向前跟步迅速跳起旋轉360°，如穿梭一般。也叫「雙震腳」。

圖4-48-1 勾手變拳

1. 承上式。身體微左轉；右勾手變掌走下弧，與左手相合於胸前。（圖4-48-1）

圖4-48-2 右手翻掌

2. 身體右轉，重心右移；右手外旋翻掌，左腳尖裏扣。（圖4-48-2）

3. 身體右轉，重心左移，收右腳於體前呈虛步；同時，雙手走上弧線隨體轉畫弧。（圖4-48-3）

圖4-48-3 重心左移

4. 身體先右後左轉，旋背轉腰；雙手快速內旋上托，並攜雙腳向上躍起。（圖4-48-4）

5. 隨即雙手外旋下按於腹前；左右腳依次震腳落地，重心在左。（圖4-48-5）

6. 身體稍左轉，重心繼續左移；雙手翻掌向上，攜右腿屈膝上提。（圖4-48-6）

7. 隨身體向右旋轉，雙手在胸前畫弧相合。（圖4-48-7）

8. 身體左轉，右腳前蹬；同時，雙掌外旋，左肘屈肘後擊，

圖4-48-4　雙腳上躍

圖4-48-5　震腳落地

圖4-48-6　右腿提起

圖4-48-7　胸前合手

9. 身體右轉，收右腳向右
大跨步前跳；右掌前推，身體
前衝，重心移至右腿。（圖4-
48-9）

10. 左右腿緊跟跨步前
躍；左手前推；身體旋轉
360°。（圖4-48-10）

11. 隨體轉雙手畫弧外
掤，左手至左髖外側，右手至
右前上方，與肩同高，重心在
右；目視右前方，面向南。
（圖4-48-11）

圖4-48-8　右腳前蹬

圖4-48-9　右掌前推

圖4-48-10　身體旋轉

圖4-48-11　畫弧外掤

第四十九式　懶紮衣

左手叉腰，肘微向前合，手從上腕斜下，其意似往下按，形如以左手攬物，該式在老架一路中共出現兩次，該式步法向右進時，僅多開半步。

圖4-49-1
重心左移

圖4-49-2
兩手畫弧

圖4-49-3
提右腿

圖4-49-4
向右開步

圖4-49-5　翻掌

圖4-49-6　移重心

圖4-49-7　紮衣掤手

第五十式 六封四閉

「六」，指的是前後左右上下六個面；「封」就是封殺，是太極拳拳法的一種技術手段，「四閉」就是使對方四肢不能進攻，或者使對方四肢被動調遣為我所用。此招可以破解對方的各種手法與腿法。

圖 4–50–1
雙手外掤

圖 4–50–2
重心左移

圖 4–50–3
掌心相對

圖 4–50–4
微左轉

圖 4–50–5
雙手翻掌

圖 4–50–6
身體右轉

圖 4–50–7
收步推出

第五十一式　單　鞭

　　單鞭在老架中共有七次，此為第五次。多次出現，有兩句話可以表明單鞭的厲害：「擊首尾動身輕盈，擊尾首動著法精。」

圖4-51-1
旋掌相對

圖4-51-2
雙手抱球

圖4-51-3
拳變勾手

圖4-51-4
右手拉出

圖4-51-5
收腿扣襠

圖4-51-6
向左開步

圖4-51-7
左手上掤

圖4-51-8
左掌外旋

圖4-51-9
單　鞭

第五十二式　雲　手

　　在《陳式拳械譜》中，老架一路中的三個雲手分別為：上雲手叫做春雲；中雲手叫做夏雲；下雲手叫做秋雲。為春雲者，一片生機，和風細雨。為夏雲者，烏雲滾滾，風、雷、電交加，擺腳如狂風閃電，震足為驚雷，跌叉好似傾盆雨。

圖4-52-1
右勾變掌

圖4-52-2
上托下按

圖4-52-3
右手外旋

圖4-52-4
移重心

圖4-52-5
上托下按

圖4-52-6
身體左轉

圖4-52-7
移重心

圖4-52-8
插　步

圖4-52-9
上托下按

陳式太極拳老架一路入門圖解

174

圖4-52-10
翻掌移重

圖4-52-11
向左開步

圖4-52-12
上托下按

圖4-52-13
翻　掌

圖4-52-14
移重心

圖4-52-15
插　步

圖4-52-16
上托下按

圖4-52-17
提　膝

圖4-52-18
向左開步

第五十三式 擺腳跌叉

身體跳起後，從空中跌下去兩腿叉開為跌叉。此招式為單跌叉，也就是身體不斷左移，右腿旋弧踢起後左腿左開，身法下沉。

1. 接上式。身體微右轉，左手內旋上托，右手外旋下按。（圖4-53-1）

圖4-53-1 雙手畫弧

2. 身體左轉，重心左移；右手內旋，左手外旋前掤。（圖4-53-2）

圖4-53-2 重心左移

3. 身體左轉，重心繼續左移，右腿屈膝提起。（圖4-53-3）

圖4-53-3 上右腳

圖4-53-4　雙手畫弧

圖4-53-5　重心右移

圖4-53-6　收　步

圖4-53-7　向左開步

4. 右腿向左腿上方盤步蹬出；右手先內後外旋，左手先外後內旋，雙手在胸前畫弧。（圖4-53-4）

5. 身體稍右轉，重心移至右腿。（圖4-53-5）

6. 身體右轉，左腿屈膝上提；雙手掤起。（圖4-53-6）

7. 身體左轉，左腿向左側45°開步；雙手外撐。（圖4-53-7）

8. 身體微右後左轉，重心移至左腿，收右腿於體側；同時，雙手走下弧線自然收回；目視左前方。（圖4-53-8）

9. 身體微左後右轉，右腳由左向上、向右做扇形外擺；雙掌由右向左走上弧線，依次迎擊右腳面；目視左前方。（圖4-53-9）

10. 身體微右轉，右腳畫弧裏合。（圖4-53-10）

11. 右腳震腳落地，重心還在左腿；雙手變拳，交叉合於胸前。（圖4-53-11）

圖4-53-8　重心左移

圖4-53-9　右腿外擺

圖4-53-10　雙手相合

圖4-53-11　右腳震地

12. 重心右移，右腿合蹲，左腳向上提起。（圖4-53-12）

圖4-53-12　重心右移

13. 左腳向左鏟出；同時，雙拳左下右上對分至身體兩側。（圖4-53-13）

圖4-53-13　左腳鏟出

14. 身法下沉；左拳至左膝上方，拳心向上，右拳至身體右上方，拳心向前；目視左側。（圖4-53-14）

圖4-53-14　沉身拉拳

第五十四式　金雞獨立

公雞經常一爪站立，所以稱為「金雞獨立」，此招式有左右之分。

圖4-54-1　重心左移

1. 承上式。身體左轉90°，重心左移；左拳前衝上領，右拳隨體轉畫弧至腰間。（圖4-54-1）

圖4-54-2　右腿前收

2. 身體微左轉，收右腳成虛步；左拳外旋至腰間，拳心向下，右拳收腰間，拳心向上。（圖4-54-2）

3. 身體微左轉，雙拳變掌。（圖4-54-3）

圖4-54-3　雙拳變掌

圖4-54-4　上托下按

圖4-54-5　左獨立式

4. 右掌內旋上托，左掌外旋下按。（圖4-54-4）

5. 右掌外旋，舉手上托，並攜右腿向上提起，呈左獨立式。（圖4-54-5）

6. 右胯放鬆；右肘下沉，右掌下落。（圖4-54-6）

7. 右腳震腳落地，重心不變；同時，右掌下按，左掌自然配合，兩掌心皆向下，指尖皆朝前。（圖4-54-7）

圖4-54-6　右掌下落

圖4-54-7　震腳落地

8. 身體微右轉；左手先內後外旋，右手先外後內旋在腹前畫弧。（圖4-54-8）

圖4-54-8 雙手畫弧

9. 身體微左轉，重心繼續左移，收右腿向右開步；同時，手在腹前畫弧外掤。（圖4-54-9）

圖4-54-9 向右開步

10. 身體右轉，重心移至右腿；同時，左手內旋，右手外旋，雙手在腹前畫弧。（圖4-54-10）

圖4-54-10 重心右移

11. 重心繼續右移，左腿收至右腳內側成虛步；右手外旋下按，左手內旋上托。（圖4-54-11）

圖4-54-11　左腿收起

12. 左手外旋，攜左膝上提。（圖4-54-12）

圖4-54-12　左膝上提

13. 右手下按至右髖外側，左手舉手上托；左膝上頂至與胯平，身體成右獨立式；面向東。（圖4-54-13）

圖4-54-13　右獨立式

第五十五式　倒捲肱

注意出路在二十式倒捲肱中，是接肘底拳的左前虛步而變的，所以退步較小。此勢則是接右獨立步的左足懸空而變的，所以退步自然放大，回來時既猛且快，所以退步自然加快。

圖4-55-1　左腿收起

1. 微右轉，左腳裏合；右手內旋穿掌，雙手相合至胸前，重心在右。（圖4-55-1）

圖4-55-2　左腿撤步

2. 身體左轉，左手自然下落，左腳向左後45°撤步。（圖4-55-2）

3. 右手外旋推掌前掤，左手下按至腹前，重心在右；目視右前方。（圖4-55-3）

圖4-55-3　右手前掤

圖4-55-4　重心左移

4.身體繼續左轉，重心左移，右腳尖裏扣。（圖4-55-4）

圖4-55-5　雙手對拉

5.左手走下弧，與右手對拉至身體兩側。（圖4-55-5）

圖4-55-6　身體右轉

6.身體右轉，重心繼續左移；左手內旋走上弧線，屈肘於左耳下側，掌心向前，右手內旋翻掌向上。（圖4-55-6）

7. 繼續右轉，收右腳半步呈虛步；右手掌心向上收於體前，左手在右手上方相合於胸前。（圖4-55-7）

圖4-55-7　右腿收起

8. 身體右轉，右腳向右後45°撤步。（圖4-55-8）

圖4-55-8　向後撤步

9. 左掌前推掤至身體左前上方，右手下按至腹前；重心在左，目視左前方。（圖4- 55-9）

圖4-55-9　左手外掤

圖4-55-10　　重心右移

圖4-55-11　　雙手對拉

10. 身體右轉，重心右移。（圖4-55-10）

11. 身體繼續右轉；雙手對拉畫弧。（圖4-55-11）

12. 左轉，重心右移；右手內旋走上弧線，屈肘於右肩旁，左手內旋翻掌向上。（圖4-55-12）

13. 收左腳半步呈虛步；左手內旋於胸前，右手內旋走上弧線於左前臂中段。（圖4-55-13）

圖4-55-12　　身體左轉

圖4-55-13　　雙手相合

第五十六式　白鶴亮翅

　　白鶴展翅飛騰，翱翔萬里，兩翅具有彈抖之功。在做此式時，兩臂上下分張，宛如白鶴伸足亮翅，瀟灑閒逸，展翅欲飛。

圖 4-56-1
左掌翻下

圖 4-56-2
左腿後撤

圖 4-56-3
右手外掤

圖 4-56-4
重心左移

圖 4-56-5
雙手畫弧

圖 4-56-6
右腿收起

圖 4-56-7
雙手相合

圖 4-56-8
翻掌撤步

圖 4-56-9
移重心

圖 4-56-10
收步打開

第五十七式 斜 行

動則變，是陳式太極遵循的永久法則。而斜行一式，為中定身法，具有支撐八面之意。在行拳走架時絲絲入扣、節節貫穿、步步深入、得機得勢，具有蓄而後發之勢。

圖 4-57-1
身體左轉

圖 4-57-2
雙手畫弧

圖 4-57-3
左掌立起

圖 4-57-4
重心右移

圖 4-57-5
收左腿

圖 4-57-6
向左開步

圖 4-57-7
身體右轉

圖 4-57-8
重心左移

圖 4-57-9
左手變勾

圖 4-57-10
右掌推出

圖 4-57-11
雙手對拉

第五十八式 閃通背

又稱「背口袋」，是一種摔打之法。其手法包括左轉
掤、左右轉退步捋、左右轉退步挒、進步穿襠靠，左轉撩
陰背摔法、右轉背靠等法。

圖4-58-1	圖4-58-2	圖4-58-3	圖4-58-4
雙手前掤	身法下沉	左腿收起	雙手畫弧

189

圖4-58-5　　圖4-58-6　　圖4-58-7　　圖4-58-8　　圖4-58-9
左腿後撤　　身法下沉　　立身收步　　右膝上提　　右腿開步

圖4-58-10　　圖4-58-11　　圖4-58-12　　圖4-58-13
下按移重心　　左腿前收　　左腿開步　　　穿　掌

第五十九式　掩手肱拳

有歌訣:「閃通背下演手拳,飛步撩陰足暗懸。拴手左引右擊法,羅漢堂前展紅拳。」

圖4-59-1
重心右移

圖4-59-2
左腳內扣

圖4-59-3
重心左移

圖4-59-4
轉　體

圖4-59-5
右腿上提

圖4-59-6
移重心

圖4-59-7
左腿上提

圖4-59-8
左腿開步

圖4-59-9
雙手外分

圖4-59-10
翻掌向上

圖4-59-11
右掌變拳

圖4-59-12
右拳前衝

第六十式　六封四閉

　　此招特點是：虛虛實實，防中有攻，攻中有防，攻防兼備。

圖 4-60-1
雙拳變掌

圖 4-60-2
重心右移

圖 4-60-3
身體左轉

圖 4-60-4
雙手畫弧

圖 4-60-5
右腿橫開

圖 4-60-6
雙手翻掌

圖 4-60-7　重心右移

圖 4-60-8　雙掌推出

第六十一式　單　鞭

　　老架一路中，唯單鞭內容最為豐富且用法最巧妙。而單鞭右手為勾手，從左掌中拉出，如蛇出洞一般，左手收於腹前，以不變應萬變，正應了「形如搏兔之鷹，神似捕鼠之貓」之語。

圖 4-61-1
旋掌相對

圖 4-61-2
雙手抱球

圖 4-61-3
拳變勾手

圖 4-61-4
右手拉出

圖 4-61-5
收腿扣襠

圖 4-61-6
向左開步

圖 4-61-7
左手上掤

圖 4-61-8
左掌外旋

圖 4-61-9
單　鞭

第六十二式 雲 手

此招式為「下雲手」，也叫「秋雲」，表現了秋雲變化多端的特點，此勢用法小巧玲瓏，變化莫測，為手足齊用之法。

圖4-62-1
右勾變掌

圖4-62-2
上托下按

圖4-62-3
翻 掌

圖4-62-4
移重心

圖4-62-5
上托下按

圖4-62-6
翻 掌

圖4-62-7
移重心

圖4-62-8
插 步

圖4-62-9
上托下按

圖 4-62-10
翻掌移重心

圖 4-62-11
開　步

圖 4-62-12
上托下按

圖 4-62-13
翻　掌

圖 4-62-14
移重心

圖 4-62-15
插　步

圖 4-62-16
上托下按

圖 4-62-17
提　膝

圖 4-62-18
開　步

第六十三式 高探馬

此式在右手前推高探時，須具有支撐八面之勢，也是前後開中寓合的勁，在做纏絲線路中，並要求沒有凸凹和內勁中斷的缺點，只有捲足了再放，才能放出一種旋轉的按勁。

圖4-63-1
向右轉體

圖4-63-2
身體左轉

圖4-63-3
右腿收起

圖4-63-4
向右開步

圖4-63-5
重心右移

圖4-63-6
雙手分開

圖4-63-7
身體左轉

圖4-63-8
右臂屈肘

圖4-63-9
左腿收起

圖4-63-10
右掌前推

圖4-64-1　身體左轉

圖4-64-2　雙手相合

圖4-64-3　重心左移

第六十四式　十字腳

此招式先以雙手交叉橫排成十字狀，然後單手擊拍右腳橫擺，故名。一般招式雙手只合在腕部，此勢卻是橫合成十字。拳諺云：手到身不到，打人不得妙，手到身也到，打人如催草。只要兩臂放鬆，襠部塌好，重心不偏，轉身進步用靠法反擊，最為便利。

1. 承上式。身體微右後左轉。（圖4-64-1）

2. 雙手左上右下合於胸前。（圖4-64-2）

3. 身體向右轉體90°，重心左移，右腳尖外擺；同時，雙手左下右上畫弧分於身體兩側。（圖4-64-3）

4. 右手外旋下按；重心移至右腿。（圖4-64-4）

5. 重心繼續右移；左手內旋攔左膝提起。（圖4-64-5）

6. 左腿向左前方45°開步；左手立掌於胸前，右掌下按至右髖旁。（圖4-64-6）

7. 身體微右轉；左手內旋上托，右手外旋下按。（圖4-64-7）

圖4-64-4　重心右移

圖4-64-5　提左腿

圖4-64-6　向左開步

圖4-64-7　上托下按

圖4-64-8　移重心

8. 身體左轉，右腳蹬地，重心左移。（圖4-64-8）

圖4-64-9　身體左轉

9. 身體繼續左轉；左手經膝前向上畫弧，右手先內後外旋畫弧向上。（圖4-64-9）

圖4-64-10　雙手變拳

10. 身體右轉，重心繼續左移；左手走上弧線變拳，垂肘立於左胸前。（圖4-64-10）

11. 右手先外後內旋走下弧線變拳合於左肘下，雙拳心向裏，拳肘相合；目視前方。（圖4-64-11）

圖4-64-11　拳肘相合

12. 身體微左轉，身法上領，右腿收於體前呈虛步。（圖4-64-12）

圖4-64-12　右腿收起

13. 身體先左後右轉，右腳隨轉體由下向上、由左向右做扇形外擺；同時，左手掌下壓裏合迎擊右腳面。（圖4-64-13）

圖4-64-13　右腳外擺

圖4-64-14　身體右轉

14. 以左腳跟為軸，身體向右旋轉90°；左手至左髖外側，右手收至胸前，掌心向下，指尖向左。（圖4-64- 14）

圖4-64-15　上撩下切

15. 左手走上弧撩掌，右手下切，右腿自然上頂，高與胯平。（圖4-64-15）

第六十五式　指襠捶

是太極拳譜中「掩手肱捶、庇身捶、肘底捶、擊地捶、指襠捶」五捶之一。拳歌形容：「陰招要數指襠捶，一拳可將睪丸擊，如果對方下毒手，則用該拳來還擊。」

1. 接上式。身體右轉，右腿震腳落地；同時，雙手左上右下畫弧交叉於胸前。（圖4-65-1）

圖4-65-1　右腳震地

2. 重心移至右腿，左腿屈膝提起。（圖4-65-2）

3. 左腿向左前方 45° 開步。（圖4-65-3）

4. 身體微右轉，重心移至左腿；雙手走下弧外旋，分至身體兩側。（圖4-65-4）

5. 身體微左轉，雙手內旋畫弧。（圖4-65-5）

圖4-65-2　收左腿

圖4-65-3　向左開步

圖4-65-4　雙手外旋

圖4-65-5　雙手內旋

圖4-65-6　雙手相合

6. 雙手走上弧線相合，左手立掌於胸前，右掌變拳收於腰間。（圖4-65-6）

圖4-65-7　向前出擊

7. 身體先右後左轉，重心左移；左掌變拳屈肘後擊，右拳向身前下方出擊。（圖4-65-7）

第六十六式　白猿獻果

具有先禮後兵之策。名為獻果，實藏殺機。

圖4-66-1　雙拳畫弧

1. 承上式。身體右轉，右膝上領；左拳逆纏在腹前畫弧，右拳提腕上領。（圖4-66-1）

2. 重心移至右腿；右拳
先外後內旋走上弧線。（圖
4-66-2）

圖4-66-2　重心右移

3. 身體向左轉體45°，
左腳尖外擺，重心移至左
腿。（圖4-66-3）

圖4-66-3　身體左轉

4. 右腿屈膝上提；同
時，雙拳裏合內旋上衝，左
拳於胸前，右拳於右前上
方；目視右拳方向。（圖
4-66-4）

圖4-66-4　雙拳上衝

圖4-66-5　雙拳變掌

5. 身體先右後左轉，右腿向右側平開一步；雙拳變掌走下弧，分至身體兩側，掌心向上；目視右側。（圖4-66-5）

6. 身體左轉，雙手走上弧線屈肘相合。（圖4-66-6）

7. 身體右轉，重心移至右腿。（圖4-66-7）

8. 雙手經胸前向身體右側下按；同時，左腿跟步至體側；目視右側，面向南。（圖4-66-8）

圖4-66-6　雙手相合

圖4-66-7　重心右移

圖4-66-8　雙手下按

第六十七式　單　鞭

頂勁要領起，襠要開圓，髖要鬆，身要正，沉肩，墜肘，胸要虛虛含住。

圖4-67-1
前推後拉

圖4-67-2
掌變勾手

圖4-67-3
勾手拉出

圖4-67-4
左腿上提

圖4-67-5
向左開步

圖4-67-6
左手內旋

圖4-67-7
重心左移

圖4-67-8
單　鞭

圖4-68-1　雙手變拳

第六十八式　雀地龍

雀地龍因該招式左腿貼地，如蛇貼地行走，故命名。陳鑫先生講：此勢亦名為「鋪地雞」，……雞臥地時一翅展開一腿伸開。

1. 接上式。雙手變拳。（圖4-68-1）

2. 身體微右轉；雙拳左上右下畫弧。（圖4-68-2）

3. 身體左轉；同時，雙手左上右下畫弧交叉合至胸前，雙拳心相對。（圖4-68-3）

4. 身體微左轉，重心右移，同時身體下沉；雙拳畫弧分至身體兩側，目視左側。（圖4-68-4）

圖4-68-2　雙拳畫弧

圖4-68-3　雙拳交叉

圖4-68-4　身法下沉

第六十九式　上步七星

所謂「七星」，就是肩、肘、膝、胯、頭、手、腳七處的出擊點。可以手打，肘擊，頭、膝頂，肩、胯靠，腳踢、蹬。

1. 承上式。身體左轉，重心左移，身法上領；同時，左拳上衝，右拳畫弧至腰間，目視前方。（圖4-69-1）

圖4-69-1　重心左移

2. 身法上領，右腿跟步於體前；左拳裏合，右拳上衝，雙拳相合至胸前。（圖4-69-2）

圖4-69-2　身法上領

3. 雙拳同時外旋，右拳纏裏左手一周。（圖4-69-3）

圖4-69-3　右拳纏裏

圖4-69-4　右內左外

4. 雙手右內左外於胸前，拳心斜向下。（圖4-69-4）

圖4-69-5　雙拳下沉

5. 雙拳下沉裏合。（圖4-69-5）

圖4-69-6　雙拳變掌

6. 雙拳經腹前內旋一周後，變掌坐腕交叉至胸前；面向東。（圖4-69-6）

第七十式　下步跨虎

上步七星和下步跨虎兩招緊連，表明了拳路的變化莫測。如對方進勢過於兇猛，應迅速將力點退步閃開，採用「七星」擊，此乃此式的妙用。

圖4-70-1　右腿後撤

1. 接上式。身體稍右轉，右腿後撤；同時，左掌按至左胯外側，右掌掤至體前。（圖4-70-1）

圖4-70-2　扣左腳

2. 身體繼續右轉約180°，左腳內扣。（圖4-70-2）

圖4-70-3　雙手畫弧

3. 隨體轉左掌內旋走上弧，右掌外旋向右走下弧。（圖4-70-3）

4. 重心左移，右腳尖外擺。
（圖4-70-4）

圖4-70-4　右腳尖外擺

5. 重心右移；雙手合至胸
前。（圖4-70-5）

圖4-70-5　移重心

6. 收左腿呈虛步；左臂垂肘
裏合，立掌於體前，右掌裏合至
腹前，目視前方；面向西。（圖
4-70-6）

圖4-70-6　左腿收起

第七十一式 轉身擺蓮

武諺云：「手是兩扇門，全憑腳打人。」表明了腳法在技擊中的重要性。而此式就是對「柔腰百折若無骨，撒去滿身都是手」太極拳術要領的經典概括。

圖4-71-1　重心左移

1. 接上式。向右轉體90°，重心左移，左掌下按至腹前，右掌變習手上掤。（圖4-71-1）

2. 重心移至右腿，上左腳蓋步，身體向右繼續轉體約180°。（圖4-71-2）

圖4-71-2　轉體180°

3. 重心左移，右腿隨體轉向右後方撤步；同時，雙手隨體轉左上右下畫弧。（圖4-71-3）

圖4-71-3　雙手畫弧

圖4-71-4　左腿提起

4. 身體繼續向右轉90°，重心右移，左腿屈膝提起。（圖4-71-4）

圖4-71-5　左腿開步

5. 左腿向左前方30°開步；同時，雙手隨體轉外掤，左手至胸前，右手至右前上方；目視左前方。（圖4-71-5）

圖4-71-6　重心左移

6. 身體先右後左轉，重心移至左腿；雙手走下弧線旋轉畫弧。（圖4-71-6）

7. 收右腿經左腳旁由下向上、由左向右做扇形外擺；同時，雙掌由右向左依次迎擊右腳面。（圖4-71-7）

圖4-71-7　擺腿擊掌

第七十二式　當頭炮

當頭炮是中國象棋開局的一種招法，是將炮放在正中線位，攻擊對方中兵，威脅其將。在太極拳中，因該招式是雙拳向前發勁，如迎頭痛擊一般，故得名。

1. 接上式。右腳落地後，經左腿內側向後撤步；同時雙掌前掤。（圖4-72-1）

圖4-72-1　右腿撤步

2. 身體右轉，右膝上領，重心右移；雙手內旋坐腕下捋。（圖4-72-2）

圖4-72-2　雙手下捋

圖4-72-3　雙掌變拳

3.身體微右轉；雙手至腹前變拳，雙拳心向裏，拳眼相對；目視左前方。（圖4-72-3）

圖4-72-4　雙拳前衝

4.身體左轉，重心迅速左移；同時雙拳內旋前衝。（圖4-72-4）

第七十三式　金剛搗碓

它與第二式前呼後應，掤、捋、擠、按、採、挒、肘、靠八法，則順勢而收，以應太極圖陰陽之說，太極理循環之意，自始復至終，完成太極拳之大成。

圖4-73-1
雙手掤捋

圖4-73-2
移重心

圖4-73-3
旋手畫弧

圖4-73-4
左手前掤

圖4-73-5
收右腿

圖4-73-6
雙手相合

圖4-73-7
上托下按

圖4-73-8
落於左掌

圖4-73-9
拳膝提起

圖4-73-10
震腳落地

圖4-74-1　微左轉

圖4-74-2　雙掌兩分

圖4-74-3　雙手上合

第七十四式　收　勢

「練功不收功，等於一場空。」「收」隱寓兩層意思：其一是「收尾」「收場」，透過最後幾個動作，使人體由太極拳運動狀態轉入非運動的自然狀態；其二是收藏。古人論拳曰：「放之則彌六合，退之則收藏於密。」即練功時「氣」要放得出，又能「收」得回，因此注重收式，是練好太極拳的重要一環。

1. 接上式。身體微左轉，重心右移。（圖4-74-1）

2. 同時雙掌向身體兩側對分畫弧。（圖4-74-2）

3. 雙手合於體前上方，掌心相對。（圖4-74-3）

4. 雙手裡合收於胸前，雙
掌心向下。（圖4-74-4）

圖4-74-4　雙手畫弧

5. 雙手下按收於腹前。
（圖4-74-5）

圖4-74-5　雙手下按

6. 雙手經腹前自然分至身
體兩側，掌心向裡，指尖向
下。（圖4-74-6）

圖4-74-6　落至體側

圖4-74-7　重心右移

7.重心移至右腿。（圖4-74-7）

圖4-74-8　收步

8.左腿收回於體側併步。（圖4-74-8）

圖4-74-9　自然站立

9.身體緩緩站立，立身中正，全身放鬆，雙肩自然下垂；雙目平視。（圖4-74-9）

參考資料

1. 崔廣博.陳式太極拳修煉精要[M].北京：人民體育出版社，2009.

2. 席庸.太極拳與科學健身[M].西安：交通大學出版社，2004.

3. 李洪滋.運動與健康[M].北京：化學工業出版社，2004.

4. 張澤正.中國武術功夫[M].北京：人民體育出版社，2002.

5. 溫縣陳式太極拳研究會，陳式太極拳志，鄭州：中州古籍出版社，1996.

6. 沈家楨、顧留馨.陳式太極拳[M].北京：人民體育出版社，1963.

7. 康戈武.中國武術實用大全[M].北京：今日中國出版社，1990.

8. 吳自立.陳式太極拳拳法與經脈運行[M].南昌：江西科技出版社，2003.

9. 王維，主編.黃帝內經[M].北京：線裝書局，2006.

導引養生功

全系列為彩色圖解附教學光碟

張廣德養生著作　每冊定價350元

疏筋壯骨功
定價350元

導引保健功
定價350元

頤身九段錦
定價350元

九九還童功
定價350元

舒心平血功
定價350元

益氣養肺功
定價350元

養生太極扇
定價350元

養生太極棒
定價350元

導引養生形體詩韻
定價350元

四十九式經絡動功
定價350元

輕鬆學武術

二十四式太極拳
定價250元

四十二式太極拳
定價250元

八式十六式太極拳
定價250元

三十二式太極劍
定價250元

四十二式太極劍
定價250元

二十八式木蘭拳
定價250元

三十八式木蘭扇
定價250元

四十八式太極劍
定價250元

分解教學二十四式太極拳
定價280元

楊式太極拳四十式
定價330元

太極跤

太極防身術
定價300元

擒拿術
定價280元

中國式摔角
定價350元

彩色圖解太極武術

定價220元

定價220元

定價220元

定價220元

定價350元

定價350元

定價350元

定價350元

定價350元

定價350元

定價350元

定價350元

定價350元

定價220元

定價220元

定價220元

定價350元

定價220元

定價350元

定價350元

定價220元

定價220元

定價220元

太極武術教學光碟

太極功夫扇
五十二式太極扇
演示：李德印 等
(2VCD)中國

夕陽美太極功夫扇
五十六式太極扇
演示：李德印 等
(2VCD)中國

陳氏太極拳及其技擊法
演示：馬虹(10VCD)中國
陳氏太極拳勁道釋秘
拆拳講勁
演示：馬虹(8DVD)中國
推手技巧及功力訓練
演示：馬虹(4VCD)中國

陳氏太極拳新架一路
演示：陳正雷(1DVD)中國
陳氏太極拳新架二路
演示：陳正雷(1DVD)中國
陳氏太極拳老架一路
演示：陳正雷(1DVD)中國
陳氏太極拳老架二路
演示：陳正雷(1DVD)中國
陳氏太極推手
演示：陳正雷(1DVD)中國
陳氏太極單刀・雙刀
演示：陳正雷(1DVD)中國

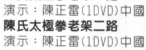

郭林新氣功
(8DVD)中國

本公司還有其他武術光碟
歡迎來電詢問或至網站查詢
電話：02-28236031
網址：www.dah-jaan.com.tw

原版教學光碟

歡迎至本公司購買書籍

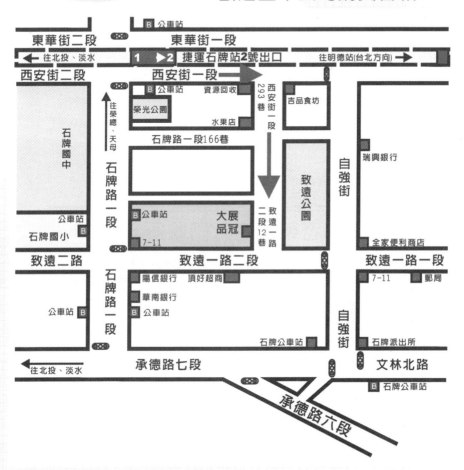

建議路線

1.搭乘捷運.公車

　　淡水線石牌站下車，由石牌捷運站2號出口出站(出站後靠右邊)，沿著捷運高架往台北方向走(往明德站方向)，其街名為西安街，約走100公尺(勿超過紅綠燈)，由西安街一段293巷進來(巷口有一公車站牌，站名為自強街口)，本公司位於致遠公園對面。搭公車者請於石牌站(石牌派出所)下車，走進自強街，遇致遠路口左轉，右手邊第一條巷子即為本社位置。

2.自行開車或騎車

　　由承德路接石牌路，看到陽信銀行右轉，此條即為致遠一路二段，在遇到自強街(紅綠燈)前的巷子(致遠公園)左轉，即可看到本公司招牌。

國家圖書館出版品預行編目資料

陳式太極拳老架一路入門圖解 ／ 張富香　編著
——初版，——臺北市，大展，2014〔民103．12〕
面；21公分 ——（陳式太極拳；3）
ISBN　978－986－346－051－0（平裝附數位影音光碟）

1. 太極拳
528.972　　　　　　　　　　　　　　103020188

陳式太極拳老架一路入門圖解 附 DVD

編　　著／張富香
責任編輯／盧　靜
發 行 人／蔡森明
出 版 者／大展出版社有限公司
社　　址／台北市北投區（石牌）致遠一路2段12巷1號
電　　話／（02）28236031‧28236033‧28233123
傳　　眞／（02）28272069
郵政劃撥／01669551
網　　址／www.dah-jaan.com.tw
E - mail／service@dah-jaan.com.tw
登 記 證／局版臺業字第2171號
承 印 者／傳興印刷有限公司
裝　　訂／承安裝訂有限公司
排 版 者／弘益電腦排版有限公司
授 權 者／北京人民體育出版社
初版1刷／2014年（民103年）12月

定　價／330元

大展好書　好書大展
品嘗好書　冠群可期